Königs Erläuterungen und Materialien
Band 348

Erläuterungen zu

Heinrich Mann

Der Untertan

von Jörg Schlewitt

Bange
Verlag

Über den Autor dieser Erläuterung:

Prof. Dr. habil. Jörg Schlewitt (geb. 1936) studierte Germanistik und Geschichte. Nach einigen Jahren im Schuldienst (Fächer: Deutsch/Geschichte) begann er eine Universitätslaufbahn und war zuletzt ordentlicher Professor für Methodiken des Deutschunterrichts (Fachdidaktik) an der Universität Leipzig. Er veröffentlichte zahlreiche Monografien und Aufsätze zur Fachdidaktik und ist Verfasser und Mitherausgeber von Schulbüchern.

3. Auflage 2005
ISBN 10: 3-8044-1741-8
ISBN 13: 978-3-8044-1741-0

Titelabbildung: Heinrich Mann
Druck und Weiterverarbeitung: Tiskárna Akcent, Vimperk

Vorwort

Vor gut 50 Jahren, am 12. 03. 1950, starb Heinrich Mann. Seine Übersiedlung aus Kalifornien in die DDR , die für den April 1950 geplant war, konnte also nicht mehr erfolgen. Die Rückkehr aus dem Exil war ihm nicht mehr vergönnt. Er starb in einem fremden Land, und vielen Deutschen ist er ganz im Gegensatz zu seinem Bruder Thomas Mann auch fremd geblieben.
Trotz dieses konstatierten Unterschiedes gehörte *Der Untertan* immer zum Lektürekanon des Literaturunterrichts in Ost und West. Im Laufe der Jahre entstanden viele Unterrichtsmodelle, die bei aller Unterschiedlichkeit im Detail das Ziel hatten, die Schüler für die Aneignung des Werkes zu motivieren und sie mit der literarhistorischen und gesellschaftlichen Bedeutung des Autors vertraut zu machen.
Da stellt sich natürlich die Frage, was diese Publikation bewirken soll. Warum soll *Der Untertan* heute noch Gegenstand des Literaturunterrichts sein? Nur aus dem Grund, dass er traditionell immer schon zum Lektürekanon gehörte? Oder: Ist das Buch ein unverwechselbares, einmaliges Zeitdokument? Ist die Aktualität des Werkes auch heute noch gegeben? Ist der Roman für den jugendlichen Leser von persönlicher Bedeutung und vermittelt seine Lektüre für den medienverwöhnten Leser noch ein vergnügliches und gleichzeitig nachhaltiges Leseerlebnis?
Jede der Fragen wird so oder so in den einzelnen Kapiteln dieses Buches wieder aufgegriffen. Hier sei nur so viel vorausgeschickt: Wir wenden uns an Deutschlehrer und Schüler der Sekundarstufe II. Vor allen Dingen den Schülern wollen wir Hilfen für die Lektüre des Romans geben, damit sie in Struk-

tur und Aussage des Werkes vertiefend eindringen können, ohne dass das Leseerlebnis unzulässig beeinträchtigt wird. Deshalb sind alle Hinweise für die Lektüre als Hilfen gedacht, nicht als obligatorisch abzuarbeitendes Interpretationsraster. Im vorliegenden Band der **Königs Erläuterungen** finden Sie den gleichen Aufbau wie bei den anderen Bänden dieser Reihe. Textanalyse und -interpretation werden im Zentrum unserer Bemühungen stehen. Dem Anliegen des Bandes verpflichtet, werden grafische Darstellungen und Module notwendige Informationen übersichtlich vermitteln.

Zitiert wird nach folgender Ausgabe: Heinrich Mann: *Der Untertan*. Roman. Frankfurt a. M. [10]2001 (Fischer TB 13640).

1. Heinrich Mann: Leben und Werk

1.1 Biografie

Jahr	Ort	Ereignis	Alter
1871	Lübeck	Heinrich Mann wird am 27. März als erster Sohn des Lübecker Kaufmanns und Reeders Thomas Johann Heinrich Mann geboren. Sein Vater war Inhaber der Firma „Johann Siegmund Mann, Getreidehandlung, Kommissions- und Speditionsgeschäfte". 1877 wird er in den Senat seiner Heimatstadt gewählt.	
1875	Lübeck	Thomas Mann wird in Lübeck geboren.	4
1884	Petersburg	Bildungsreise des jungen Heinrich Mann zu wohlhabenden Verwandten nach Petersburg. Sein Tagebuch über die Reise ist als autobiografisches Dokument erhalten geblieben.	13
1885/87	Lübeck	Erste erzählerische und poetische Versuche	14–16

Jahr	Ort	Ereignis	Alter
1889	Lübeck	Heinrich Mann verlässt mit dem Reifezeugnis nach der Unterprima das Gymnasium und beginnt eine Buchhändlerlehre in Dresden.	18
1890–1892	Berlin	Volontär im S. Fischer Verlag, Berlin Neue Bildungseindrücke gewinnt Heinrich Mann durch den Besuch von Vorlesungen an der Friedrich-Wilhelm-Universität.	19–21
1891	Lübeck	Unerwarteter Tod des Vaters (geb. 1840) verbunden mit gravierenden Einschnitten in das Familienleben, so z. B. Liquidierung der Firma Johann Sigmund Mann.	20
1892	Wiesbaden/ Lausanne	Heinrich Mann erkrankt schwer. Es schließen sich Kuraufenthalte in Wiesbaden und Lausanne an. Er schreibt seine ersten Kritiken und Essays für die Wochenschrift „Die Gegenwart".	21
1893	Lübeck/ München	Die Mutter zieht mit den Geschwistern Thomas, Julia, Clara und Viktor nach München. Heinrich Mann besucht in diesem Jahr seine Heimatstadt Lübeck zum letzten Mal.	22

Jahr	Ort	Ereignis	Alter
1893	Paris, Riva, Florenz	Der Dichter unternimmt seine erste Reise nach Paris; er besucht Italien und sammelt dort neue Eindrücke. In diesen Jahren schreibt er seinen ersten Roman *In einer Familie*. Die Mutter finanziert den Verlag.	22
1896–1898	Rom, Palestrina	Die Reisen durch Italien unternimmt er gemeinsam mit seinem Bruder Thomas. Er beschäftigt sich mit journalistischen Arbeiten und gibt die Monatszeitschrift „Das Zwanzigste Jahrhundert. Blätter für deutsche Art und Wohlfahrt" heraus (1895/96).	25–27
1899–1914	München, Berlin, Italien	In diesen Jahren hat der Dichter keinen festen Wohnsitz. 1910 wählt seine Schwester Clara den Freitod. Mit ihr hat sich Heinrich Mann immer besonders verbunden gefühlt.	28–43
1914	München	Am 12. 08. 1914 heiratet Heinrich Mann die Prager Schauspielerin Maria Konova. Er nimmt jetzt seinen ständigen Wohnsitz in München.	43

Jahr	Ort	Ereignis	Alter
		Im November 1914 veröffentlicht Thomas Mann seine *Gedanken im Kriege.* Die Folge ist das Zerwürfnis zwischen den Brüdern. ***Der Untertan*** erscheint als Vorabdruck.	
1916	München	Geburt der Tochter Henriette Maria Leonie	45
1919	München	Gedenkrede für den am 21. Februar ermordeten Ministerpräsidenten der bayrischen Räterepublik, Kurt Eisner	48
1922	München	Nach einer schweren Operation Heinrich Manns im Januar 1922 versöhnen sich die Brüder wieder am Krankenbett.	51
1923	München	11. März: Tod der Mutter	52
1925	Frankreich	Erste Reise nach dem Krieg nach Südfrankreich – auf den Spuren Heinrichs IV. von Frankreich	54
1926	Berlin	Wahl zum Mitglied der Preußischen Akademie der Künste, Sektion Dichtkunst	55
1928	Berlin	Trennung von Maria Mann, geb. Kanova. Die Ehe wird 1930 geschieden. Bis 1933 nimmt Heinrich Mann seinen Wohnsitz in Berlin.	57

Jahr	Ort	Ereignis	Alter
1929	Berlin	Bekanntschaft mit seiner neuen Lebensgefährtin Nelly (eigentlich: Emmy) Kröger	58
1931	Berlin	Heinrich Mann wird Präsident der Sektion Dichtkunst an der Preußischen Akademie der Künste. Rede auf einer Veranstaltung zur deutsch-französischen Verständigung im Admiralspalast in Berlin	60
1932	Berlin	Mitunterzeichner des Appells zur Aktionseinheit von SPD und KPD zu den Reichstagswahlen am 31. Juli 1932. Stellungnahme gegen Faschismus und Krieg für den Amsterdamer Kongress	61
1933	Berlin	30. Januar: Machtantritt Hitlers; 15. Februar: Ausschluss von Käthe Kollwitz und Heinrich Mann aus der Preußischen Akademie der Künste;	62
	Sanary-sur-Mer, Nizza	21. Februar: Emigration, zuerst nach Sanary-sur-Mer, dann Nizza, dort Wohnsitz bis 1940;	
	Berlin	25. August: Aberkennung der deutschen Staatsbürgerschaft; Ehrenpräsident des „Schutzverbandes Deutscher Schriftsteller" (SDS)	

Jahr	Ort	Ereignis	Alter
1935	Paris	Rede auf dem Internationalen Schriftstellerkongress zur Verteidigung der Kultur	64
	Genf	Rede in Genf vor dem Völkerbund	
1936	Prosec	Das böhmische Städtchen gewährt ihm Heimatrecht, Voraussetzung für die CSR-Staatsbürgerschaft.	65
1939	Frankreich	9. September: Heirat mit Nelly Kröger	68
1940	Hollywood, Los Angeles Santa Monica	Nach der Kapitulation Frankreichs Flucht über Spanien u. Portugal in die USA. Dort nimmt er Wohnsitz in Hollywood, dann in Los Angeles und schließlich bis zum Tod in Santa Monica.	69
1944	USA	Freitod seiner zweiten Frau Nelly Kröger	73
1947	Berlin	Heinrich Mann wird Ehrendoktor der Humboldt-Universität Berlin.	76
	Prag	Maria Mann-Kanova, die erste Frau des Dichters, stirbt in Prag an den Folgen der KZ-Haft in Theresienstadt.	

Jahr	Ort	Ereignis	Alter
1949	Berlin (Ost)	25. August: Nationalpreis I. Klasse für Kunst und Literatur; 7. Oktober: Gründung der DDR	78
1950	Berlin (Ost)	Gründung der Deutschen Akademie der Künste zu Berlin, Ernennung Heinrich Manns zu ihrem ersten Präsidenten	79
	Santa Monica	12. März: Kurz vor der geplanten Übersiedlung in die DDR stirbt Heinrich Mann an den Folgen einer Gehirnblutung in Santa Monica. Gründung des Heinrich-Mann-Archivs in Berlin.	
1961	Berlin(Ost)	Beisetzung der Urne auf dem Dorotheenstädtischen Friedhof Berlin	

1.2 Zeitgeschichtlicher Hintergrund

In einer Werbeanzeige der Volksbühnen-Buchhandlung in Berlin heißt es 1918 zu Heinrich Manns *Der Untertan:*

> *„Die rechte Neujahrslektüre in dieser Zeit der Einkehr und Selbstbestimmung des deutschen Volkes ist Heinrich Manns Roman ‚Der Untertan' von einem, der es früher als andere durchschaut hat. Im Juli 1914 beendet, konnte das Werk Dezember 1918 nach Aufhebung der Zensur endlich erscheinen."*[1]

„Einkehr und Selbstbestimmung" sind Schlüsselworte, die Heinrich Manns Intentionen treffend kennzeichnen. In seinem Briefwechsel mit Rene Schickele schreibt er am 31. 12. 1907: „Der Roman der Deutschen müsste geschrieben werden, die Zeit ist überreif für ihn."[2] In einem Aufsatz entwirft der Autor in wenigen Worten das Bild des deutschen Untertans als „widerwärtig interessanten Typus des imperialistischen Untertanen, des Chauvinisten ohne Mitverantwortung, des in der Masse verschwindenden Machtanbeters, des Autoritätsgläubigen wider besseres Wissen."[3]

So entsteht die Geschichte des Diederich Heßling, dessen Charakter dem gezeichneten Persönlichkeitsbild weitgehend entspricht.

Die erzählte Zeit (der Zeitraum, in dem sich das erzählte Geschehen abspielt) kann, so man die Rückblenden berücksichtigt, von 1848 (der alte Buck hatte noch an der Revolution 1848 teilgenommen) bis etwa 1897 (Einweihung des Denk-

---

1 zitiert nach: Kaufmann, Hans, *Geschichte der deutschen Literatur. Vom Ausgang des 19. Jahrhunderts bis 1917.* Bd. 9, Berlin: Volk und Wissen, 1974, S. 476.

2 *Heinrich Mann. 1871–1950.* Veröffentlichung der Akademie der Künste der DDR. Mit unveröffentlichten Manuskripten und Briefen aus dem Nachlass. Hg. v. Sigrid Anger. Berlin und Weimar: Aufbau-Verlag, ²1977.

3 zitiert nach: Kaufmann, Hans, *Geschichte der deutschen Literatur,* Bd. 9, S. 475.

mals für Kaiser Wilhelm I.) angenommen werden. Historisch anders periodisiert, bezeichnet man diese Zeit auch als Wilhelminisches Zeitalter, das mit der Proklamation des preußischen Königs Wilhelm I. zum neuen deutschen Kaiser am 18. 01. 1871 im Spiegelsaal von Versailles begann und sein Ende fand, als die deutsche Niederlage im Ersten Weltkrieg unabwendbar war und am 09. 11. 1918 durch den Reichskanzler Max von Baden der Rücktritt Wilhelms II. verkündet wurde.

Wilhelminisches Zeitalter

Im Mittelpunkt der Romanhandlung stehen die sozialpolitischen Veränderungen der 90er Jahre des 19. Jahrhunderts.
Viele der historischen Ereignisse der genannten Zeitabschnitte finden sich in *Der Untertan* historisch nachvollziehbar verarbeitet, ohne dass daraus der Schluss abzuleiten wäre, der Roman sei eine naturalistische Wiedergabe der gesellschaftlichen Zustände jener Zeit.
Im Folgenden soll nun auf historische Ereignisse verwiesen werden, die unmittelbar in der Romanhandlung eine Rolle spielen.
Dem 2. Deutschen Kaiserreich, das mit der Reichsgründung 1871 seinen Anfang nahm, ging eine wechselhafte Zeit voraus, in der unterschiedliche politische Kräfte die Demokratisierung und Einheit Deutschlands anstrebten.
Im 3. Kapitel erfährt der Leser, dass in der Familie Heßling der alte Buck wegen seiner historischen Verdienste als Demokrat in der Revolution von 1848 verehrt wurde:
„In der Verehrung des alten Buck sind wir aufgezogen worden. Der große Mann von Netzig! Im Jahre achtundvierzig zum Tode verurteilt!" (S. 108)
Was war damals geschehen? Der deutsche Kaiser Franz II. hatte 1806 die Kaiserkrone niedergelegt. Im Gefolge der Befreiungskriege und dem Sturz Napoleons wurde Deutschland

von der Fremdherrschaft befreit, neue demokratische Entwicklungen hätten jetzt eine historische Chance gehabt. An die Stelle des alten Reiches trat nun auf Grund der Festlegungen des Wiener Kongresses (1815) der Deutsche Bund (35 Fürstentümer, 4 freie Städte). Die bestimmenden gesellschaftlichen Kräfte in diesem Bund waren der Adel und die sich langsam herausbildende Großbourgeoisie.

Der Deutsche Bund

Da es diesen Kräften gelang, gravierende demokratische Veränderungen zu verhindern (Reformen statt Revolution), wurden in dieser Zeit die Grundlagen für das 2. Kaiserreich geschaffen. Eine Episode blieb die gescheiterte Revolution von 1848. Nach der Gründung des Deutschen Bundes bildeten sich verschiedene Oppositionsbewegungen, deren gemeinsames Ziel es war, einen demokratisch bestimmten deutschen Nationalstaat zu gründen. Mit Blick auf *Der Untertan* ist die Bewegung der Professoren und Studenten interessant, die sich mit der Deutschen Burschenschaft eine Organisationsform geschaffen hatte, die damals fortschrittlichen Ideen verpflichtet war (Einheit Deutschlands, demokratische Verhältnisse und Selbstbestimmung, Demokratisierung der Universitäten).

Deutsche Burschenschaft

In der Regierungszeit Wilhelms I. nahmen die Korporationen und Burschenschaften dann einen anderen, oft reaktionären Charakter an. In *Der Untertan* stehen dafür die Neuteutonen, „eine hochfeine Korporation" (S. 31), deren Mitglieder die Auffassung vertraten, „dass der jüdische Liberalismus die Vorfrucht der Sozialdemokratie sei und dass die christlichen Deutschen sich um den Hofprediger Stöcker[4] zu scharen hätten." (S. 56)

4 Adolf Stöcker (1835–1909) war in Berlin Hofprediger. Er war bekannt wegen seiner antisemitischen Anschauungen.

Als der Thronwechsel 1840 in Preußen die Hoffnungen der Bourgeoisie auf Reformen enttäuschte, bildete sich eine liberale Opposition heraus. Im Jahre 1848 war eine revolutionäre Situation herangereift. Im März begannen die Unruhen, in deren Ergebnis sich die Frankfurter Nationalversammlung konstituierte, die am 18. 05. 48 das erste Mal zusammentrat. Sie war ausschließlich mit Vertretern des Bürgertums besetzt (Professoren, Schriftsteller, Beamte u. a.).

Die Frankfurter Nationalversammlung diskutierte zwar permanent, hat aber letztendlich wenige Ergebnisse gebracht und somit ihre historische Aufgabe nicht gelöst. Die Folge war, dass insbesondere die preußische Reaktion ihre Position festigen konnte und das preußische Militär schließlich der Gegenrevolution zum Siege verhalf. Trotzdem stand die Umgestaltung Deutschlands weiter auf der Tagesordnung, da die industrielle Entwicklung und das Erstarken der Großbourgeoisie sowie das zahlenmäßige Anwachsen des Proletariats dies erforderte. Dass Diederich Heßling im Roman selbst die Forderungen der Liberalen als Gefahr ansieht, macht deutlich, welche Entwicklung sich in Deutschland nach 1848 anbahnte: „Diese alten Demokraten, die noch immer das Regiment führten, waren nachgerade die Schmach von Netzig! Schlapp, unpatriotisch, mit der Regierung zerfallen! Ein Hohn für den Zeitgeist!" (S. 109)

Gegenrevolution

Mit der Krönung Wilhelms I. zum deutschen Kaiser 1871 schien sich zunächst der Traum nach der nationalen Einheit, die Liberale wie Sozialisten angestrebt hatten, zu erfüllen. Das Schicksal des nun geeinten Reiches war allerdings unauflöslich an die preußische Monarchie gebunden. Wirtschaftlich ging es zunächst in den so genannten Gründerjahren zügig voran. Die Hochkonjunktur in der Wirtschaft führte zu zahlreichen Neu-

Gründerjahre

gründungen von Betrieben, viele kleinere Produktionsstätten und Fabriken wurden modernisiert. Auch Diederich Heßling will an diesem Boom partizipieren, indem er seine Druckerei in Netzig technisch besser ausrüstet. In der Auseinandersetzung mit Sötbier um die Bezahlung des neuen Patent-Holländers spricht er seine Erwartung an diese Investition deutlich aus (S. 164).

Die Folge der stürmischen Industrialisierung war einerseits das Erstarken der Großbourgeoisie, die sich allerdings nicht vom Adel löste, und andererseits das zahlenmäßige Anwachsen des Proletariats verbunden mit dem Erstarken seiner Interessenvertretungen, den gewerkschaftlichen und politischen Organisationen. Nach den Gründerjahren folgte bald der Gründerkrach, die Depression, die 1873 mit den Auswirkungen der Weltwirtschaftskrise einen Höhepunkt erreichte. Die Klassenauseinandersetzungen verschärften sich wieder.

Weltwirtschaftskrise

In *Der Untertan* werden die Unruhen von 1892 in Berlin erwähnt, die sich gegen die hohen Lebenshaltungskosten, insbesondere die Lebensmittelpreise, richteten (S. 58). Auch die so genannte Zabern-Affäre (historisch belegt 1913), bei der in der elsässischen Stadt Zabern das Militär gegen Arbeiter vorging, spielt im Roman eine Rolle. In *Der Untertan* werden die Ereignisse von Zabern allerdings nur indirekt verarbeitet, nämlich in der Episode, in der ein Soldat einen Arbeiter aus der Fabrik Diederich Heßlings erschießt und dafür später vom Kaiser belobigt wird (S. 138).

Mit dem Erstarken des Proletariats gewannen auch dessen Organisationen weiter an Gewicht in den politischen und sozialen Auseinandersetzungen. Während die Bedeutung der bürgerlichen Parteien im Kaiserreich eher gering war, verkörperte die 1869 gegründete Sozialdemokratische Arbeiterpartei

(1890 Umbenennung in Sozialdemokratische Partei Deutschlands/SPD) eine ernst zu nehmende politische Macht. Das Kaiserreich in der Person von Reichskanzler Bismarck reagierte mit dem so genannten Sozialistengesetz auf diese Entwicklung. Im Oktober 1878 wurde im Deutschen Reichstag mit 221 gegen 149 Stimmen das „Gesetz gegen die gemeingefährlichen Bestrebungen der Sozialdemokratie" angenommen.

Reichskanzler Bismarck: Sozialistengesetz

Mit Zuckerbrot und Peitsche versuchte Bismarck in der Folgezeit die politischen Gegner zu spalten. Eine Reihe von Sozialgesetzen wurde verabschiedet, u. a. die Gesetze über die Unfallversicherung 1884, über die Krankenversicherung 1885 und über die Invaliditäts- und Altersversorgung 1889. Diese Taktik hatte allerdings wenig Erfolg. Bei den Reichstagswahlen 1884 erhielt die Sozialdemokratische Partei 549.000 Stimmen. Sie konnte damit die Zahl ihrer Abgeordneten verdoppeln.[5] Nachdem die Verlängerung des Sozialistengesetzes 1890 von der Reichstagsmehrheit abgelehnt worden war, erhielt die SPD am 20. 02. 1890 bei den Reichstagswahlen bereits 1,4 Millionen Stimmen und wurde somit stärkste Partei in Deutschland.[6] Das war vielleicht auch ein Grund für Wilhelm II., nun im Bund mit der Großbourgeoisie einen kompromissbereiten Kurs mit opportunistischen Zügen gegenüber der Sozialdemokratische Partei in seiner Politik umzusetzen. So wurde u. a. der Verfechter des Sozialistengesetzes, Otto von Bismarck, aus allen Ämtern entlassen. Dies war sicherlich außenpolitischen Entwicklungen geschuldet, aber auch die Niederlage gegen die Arbeiterbewegung wird eine Rolle gespielt haben. Diese knapp skizzierten Vorgänge sind zu be-

5 Streisand, Joachim: *Deutsche Geschichte in einem Band.* Berlin: Deutscher Verlag der Wissenschaften, 1974, S. 223.

6 ebd., S. 225.

rücksichtigen, wenn die Auseinandersetzungen Diederichs mit Napoleon Fischer im Roman gedeutet werden. Eine Reihe von Schlüsselstellen im Roman verweist auf diese Auseinandersetzungen (S. 106, 321 ff., 375, 437). Bei allem Paktieren mit dem Sozialdemokraten Fischer bleibt Diederichs Fühlen, Denken und Handeln immer bestimmt durch sein großes Vorbild, den Kaiser. Die Identifizierung des Untertanen mit seinem Kaiser durchzieht den gesamten Roman. Seinen Höhepunkt findet dieser Personenkult in der Rede Diederich Heßlings bei der Einweihung des Kaiser-Wilhelm-Denkmals in Netzig: „Was Seine Majestät der Kaiser zum Wohl des deutschen Volkes beschließt, dabei wollen wir ihm jubelnd behilflich sein, ob wir nun edel sind oder unfrei." (S. 466) Am 22. 03. 1897 wurde der 100. Geburtstag Kaiser Wilhelms I. gefeiert. Anlässlich dieses Jubiläums wurden in Deutschland zahlreiche Kaiserdenkmäler eingeweiht.

Wer war Wilhelm II., als dessen bedingungsloser Untertan sich Diederich Heßling in allen Lebenslagen versteht?

Wilhelm II. war 1888–1918 preußischer König und deutscher Kaiser

Wilhelm II. war der Enkel Wilhelms I., dessen Denkmal in der erwähnten Episode eingeweiht wird. Wilhelm II. war von 1888–1918 preußischer König und deutscher Kaiser. In seiner Jugend bewunderte der Kaiser die Politik Bismarcks. Als dieser dann aber seinem Großmachtstreben in der Außenpolitik entgegenstand, entließ er ihn 1880.

Auf Grund seines körperlichen Leidens (verkrüppelter linker Arm) versuchte er seine Minderwertigkeitskomplexe durch besonders forsches Auftreten, hohlen Glamour und durch Pflege militärischer Rituale zu kompensieren. Daraus resultierte auch seine Vorliebe für das Militär, insbesondere für die Flotte, die er großzügig förderte. Die Vorliebe des Kaisers zum

Militär zeigte sich auch in der Rolle der Reserveoffiziere und der Kriegervereine, die er diesen im öffentlichen Leben zubilligte. In kleinen Orten bestimmten sie oft das politische Klima: „Es war der Kriegerverein in Uniform, der herbeimarschierte. Seine Fahne zeigte ihm den Weg der Ehre." (S. 417 f.) Seine Möglichkeiten überschätzend, provozierte Wilhelm II. einige außenpolitische Krisen, so durch die Krügerdepesche am 03. 01. 1886, die Daily-Telegraph-Affäre 1908 und schließlich durch sein Verhalten beim Attentat von Sarajevo 1914. Charakteristisch für die Geltungssucht des Kaisers war seine Beziehung zu Kultur und Kunst. Er versuchte zu komponieren und schrieb auch literarische Texte, z. B. 1894 „Sang an Ägir": „In Diederichs eigenem Hause nannte die Klavierlehrerin, die mit Guste übte, den ‚Sang an Ägir' einen –! In das was sie gesagt hatte, flog sie selbst ..." (S. 451)

Geltungssucht des Kaisers

Obwohl Wilhelm II. sich bei einigen Zeitgenossen beliebt machte und auch im Äußeren viele Nachahmer fand (z. B. Tragen des Kaiser-Wilhelm-Barts), war er häufig Gegenstand von Karikaturen u. a. in der Zeitschrift *Simplicissimus*. Da die Gerichte seinerzeit sehr schnell auf Majestätsbeleidigungen mit harten Strafen reagierten, wurde die Gestalt des Kaisers auf den Seiten dieses Blattes unter dem Namen Sarenissimus dargestellt:

> *„Am häufigsten erschien die Gestalt des Kaisers auf den Seiten dieser satirischen Zeitschrift unter dem Namen Sarenissimus. ‚Jeder der politisch einigermaßen im Bilde war', schreibt W. Wendel, ‚verstand den Trick und lachte.'"*[7]

---

7 Kobsarewa, Lydia: *Satire und Karikatur im Roman „Der Untertan" von Heinrich Mann.* In: Deutschunterricht H. 2/3, 1979, S. 141.

Unter diesem Blickwinkel betrachtet, ist die Zivilcourage Heinrich Manns besonders zu würdigen, der mit Diederich Heßling ein „scharfes, treffendes karikaturistisches Abbild"[8] des Kaisers gab. Er rechnete in seinem Roman erbarmungslos mit Deutschland ab. „Er legt die wahren Verhältnisse hinter der Heuchelei von Gottes Gnadentum und bürgerlicher Moralität bloß."[9]

Bleibt noch an dieser Stelle die Frage nach der literaturgeschichtlichen Einordnung des Werkes. Implizit wird im 2. Kapitel dieser Schrift auf diese Frage eingegangen, sodass hier nur einige Anmerkungen erfolgen.

Trilogie des Kaiserreiches

Der Untertan gehört zu der Trilogie des Kaiserreiches: *Der Untertan* (1914), *Die Armen* (1917), *Der Kopf* (1925). In *Der Untertan* werden zahlreiche historische Details verarbeitet. Formal folgt der Roman dem Muster des Bildungs- und Entwicklungsromans, auf Grund seiner gesellschaftlichen Wirkung geht er aber weit über diesen Romantypus hinaus. Viele Rezensenten sehen in dem Buch ein Hauptwerk deutscher Satire im 20. Jahrhundert, etwa vergleichbar mit Heinrich Heines *Deutschland. Ein Wintermärchen* und seiner Wirkung im 19. Jahrhundert. Sicher ist es auch angebracht, den Kreis noch weiter zu ziehen und das Werk den großen Gesellschaftsromanen der Weltliteratur zuzuordnen.

---

8 ebd.

9 Ringel, Stefan: *Heinrich Mann – Ein Leben wird besichtigt*. Darmstadt: Primus Verlag, 2000, S. 169.

1.3 Angaben und Erläuterungen zu wesentlichen Werken

1885–1887: erste schriftliche Versuche, u. a. auch Gedichte

1894: *In einer Familie,* Roman, geschrieben in Lausanne, Florenz, Riva
Heinrich Mann hat den Roman später als „nicht gereift" bezeichnet.

1897: *Das Wunderbare,* Novelle
Der einzige Text aus den 90er Jahren, den Heinrich Mann in die Gesamtausgabe aufnehmen ließ.

1900: *Im Schlaraffenland,* Roman
Heinrich Mann erzählt satirisch überhöht die Geschichte eines Provinzlers in Berlin. Bereits in diesem Roman kritisiert er die deutschen Zustände.

1905: *Professor Unrat oder das Ende eines Tyrannen,* Roman
Der Roman ist ein literarisches Zeugnis zur Rolle der Schule im kaiserlichen Deutschland bei der Erziehung zu Kadavergehorsam und Untertanengeist. Populärer als der Roman wurde allerdings der 1930 nach dem Roman gedrehte Film *Der blaue Engel.* Die Lola wurde von Marlene Dietrich gespielt, das Drehbuch zum Film schrieb Carl Zuckmayer.

1906: Heinrich Mann fasst den Plan, *Der Untertan* zu schreiben.

1907: *Gretchen,* Novelle aus dem Stoffkreis *Der Untertan*

1909: *Die kleine Stadt,* Roman
Eine kleine italienische Stadt wird zum Modell für das Funktionieren der Demokratie. Vielleicht ist

der Roman das andere Beispiel im Vergleich zu der Kleinstadt Netzig in *Der Untertan.*

1910:	Essay *Geist und Tat* In dem streitbaren Essay setzt sich Heinrich Mann mit den sozialen und politischen Verhältnissen im Kaiserreich auseinander.
1914/Juli:	***Der Untertan*** beendet, Vorabdruck in *Zeit im Bild*
1915:	*Der Untertan* erscheint als russische Buchausgabe. Vorher war der Roman bereits in der Petersburger Zeitschrift *Sowremennyj mir* erschienen. *Zola*, Essay
1916:	*Der Untertan,* Privatdruck in etwas mehr als 10 Exemplaren Geburt der Tochter Henriette Maria Leonie
1917:	*Die Armen*, Roman Das Buch gehört zur Kaiserreich-Trilogie. Es ist die Fortsetzung von *Der Untertan.*
1918:	*Der Untertan*, Romanerscheinung
1923:	*Diktatur der Vernunft*, Reden und Aufsätze Als programmatischer Titel wird ein offener Brief an Reichskanzler Stresemann gewählt.
1925–1932:	*Gesammelte Werke* Heinrich Manns in 13 Bänden erscheinen im Zsolnay Verlag
1925:	*Der Kopf*, Roman

Kaiserreich-Trilogie

Im dritten Band der Kaiserreich-Trilogie wird das Figurenensemble der ersten beiden Bände nicht fortgeführt. In dem Roman stehen Personen im Mittelpunkt, die Verbindungen zu höchsten Regierungskreisen haben. Mangolf, eine der Hauptfiguren, wird z. B. vom Kaiser zum Reichskanzler ernannt. In dem Roman geht es u. a. um die Hintergründe, die zum Ersten Weltkrieg führten.

1927–1932: In diesen Jahren schrieb Heinrich Mann vier weitere Romane:
Mutter Marie (1927), *Eugenie oder Die Bürgerzeit* (1932), *Die große Sache* (1930), *Ein ernstes Leben* (1932)

1935: *Die Jugend des Königs Henri Quatre* (1935), *Die Vollendung des Königs Henri Quatre* (1938)
Der zweiteilige Roman schildert den Lebensweg des französischen Königs Heinrich IV. (1553–1610).

1936: *Es kommt der Tag. Deutsches Lesebuch,* Essays

1943: *Lidice*, Roman
Der in Mexiko erschienene Roman fand kaum Verbreitung. Von seiner Ablehnung in der CSR war Heinrich Mann tief betroffen.

1945: *Ein Zeitalter wird besichtigt*, Erinnerungen. Das Buch ist den politischen und kriegerischen Ereignissen der „Wendejahre" 1943/44 gewidmet.[10]

1949: *Der Atem*, Roman

1951–1952: *Ausgewählte Werke* erscheinen in Einzelausgaben (13 Bd.) im Aufbau-Verlag Berlin und Weimar, 1965 ff. erscheinen die *Gesammelten Werke* im gleichen Verlag.

1956: *Empfang bei der Welt*, Roman (1941/43 geschrieben)

---

10 Vgl. Schröter, Klaus: *Heinrich Mann. Mit Selbstzeugnissen und Bilddokumenten.* Hamburg: Rowohlt Taschenbuch Verlag GmbH, 1967, S. 152.

2. Textanalyse und -interpretation

2.1 Entstehung und Quellen

Der Stoff spielt in Deutschland während der Regierungszeit Wilhelms II. Für diese Einordnung spricht auch der Untertitel, den Heinrich Mann ursprünglich für den Roman gewählt hatte: *Geschichte der öffentlichen Seele unter Wilhelm II.* Die erste Seite der erhaltenen Handschrift trägt noch diesen Untertitel. Später ließ der Autor den Untertitel fallen.

Der Roman hat eine komplizierte Entstehungsgeschichte. Zunächst gab es Probleme bei der poetischen Gestaltung des Textes: „Eine ganz nahe liegende Zeit, wenigstens all ihr Politisch-Moralisches, in ein Buch zu bringen, das überschwemmt einen mit Stoff. Die Wirklichkeit ist eine Stütze und eine Last..."[11]

Die Arbeiten an dem Roman gehen bis auf das Jahr 1906 zurück. In der Heinrich-Mann-Biografie von Stefan Ringel heißt es dazu:

> *„Wenn Heinrich Mann in diesen Jahren nicht bei Theaterproben in Deutschland engagiert war oder in München seine Mutter besuchte ..., bereiste er meist die französische und italienische Riviera: Nizza wurde sein bevorzugter Aufenthaltsort. Von dort schrieb er Mimi regelmäßig über die Fortschritte an einem Roman, über dessen Plan er schon seit einigen Jahren grübelte."*[12]

Am 31. 10. 1906 schreibt Heinrich Mann dann in einem Brief an Ludwig Ewers, wie er sich seine Hauptfigur im Roman vorstellt:

---

11 zitiert nach Schröter, Klaus: *Heinrich Mann. Mit Selbstzeugnissen und Bilddokumenten*, S. 73 f.

12 Ringel, Stefan: *Ein Leben wird besichtigt*. S. 163.

„Sein Held soll der durchschnittliche Neudeutsche sein, einer, der den Berliner Geist in die Provinz trägt; vor allem ein Byzantiner bis ins allerletzte Stadium. Ich habe vor, dass er eine Papierfabrik haben soll, allmählich zum Fabrizieren patriotischer Ansichtskarten gelangt und den Kaiser auf Schlachtenbildern und in Apotheosen darstellt."[13]

Wenn man die Publikationen zur Entstehungsgeschichte des Romans verfolgt, werden immer wieder zwei Ereignisse genannt, die unmittelbar Anregungen für die Gestaltung Diederich Heßlings gegeben haben. In dem Essay *Ein Zeitalter wird besichtigt* schreibt Heinrich Mann:

„1906 in einem Café Unter den Linden betrachtete ich die gedrängte Menge bürgerlichen Publikums. Ich fand sie laut und ohne Würde, ihre herausfordernden Manieren verrieten mir ihre geheime Feigheit. Sie stürzten massig an die breiten Fensterscheiben, als draußen der Kaiser ritt."[14]

Volker Ebersbach, der sich eingehend mit Leben und Werk von Heinrich Mann beschäftigt hat, weiß über das Vorbild für die Titelfigur Folgendes zu berichten:

„Es (das Vorbild, J. S.) gerät in einem Harzer Freiluftsanatorium ins Blickfeld des Schriftstellers ... .Er erblickt die Figur, die er sofort den ‚Untertan' nannte, nackt in einem Luftbad."[15]

Von der ersten Idee zum Schreiben des Romans bis zu seinem Erscheinen auf dem Buchmarkt war es aber noch ein weiter Weg.

---

13 ebd.

14 *Heinrich Mann 1871–1950. Werk und Leben in Dokumenten und Bildern*, S. 125.

15 Ebersbach, Volker: *Heinrich Mann. Leben – Werk – Wirken*. Leipzig: Verlag Philipp Reclam jun., 1982, S. 144 f.

Als Heinrich Mann den Roman vollendet hatte, galt es erst einmal einen geeigneten Verlag zu finden. Paul Cassirer kam als Verleger nicht mehr in Frage. Dieser hatte Heinrich Mann seinerzeit ein lukratives Angebot unterbreitet. Er sollte 25 % des Ladenpreises als Honorar bekommen und außerdem wurde ihm ein festes Jahresgehalt von 6.000 Reichsmark zugebilligt. Nun aber, als das Manuskript für den neuen Roman vorlag, stand der Verlag nicht mehr zur Verfügung. Cassirer hatte finanzielle Probleme; auch politische Vorbehalte dem Roman gegenüber mögen eine Rolle gespielt haben.[16]

„Heinrich Mann hatte sich dafür entschieden, zuerst einmal die Reaktion der Öffentlichkeit zu testen. Vorabdrucke einzelner Abschnitte platzierte er in satirischen und oppositionellen Zeitschriften: 1911/12 konnte man Ausschnitte aus dem noch in Arbeit befindlichen Roman im ‚Simplicissimus' lesen. 1912 folgten weitere in der Zeitschrift ‚Licht und Schatten', 1913 erschienen Leseproben in der Zeitschrift ‚März'. Bei Vortragsreisen durch Deutschland trug Heinrich Mann seit 1912 Ausschnitte vor: Meist präsentierte er die Szenen vor Gericht, Heßlings Reaktion auf eine Lohengrin-Aufführung in Netzig und Heßlings Rede bei der Einweihung des Kaiser-Wilhelm-Denkmals. Die Auswahl berücksichtigte gerade die besonders rigorosen Teile des Romans. Auf diese Weise bereitete Heinrich Mann das Erscheinen des gesamten Romans behutsam vor. Seit dem 1. Januar 1914 erschien der Roman in Fortsetzungen in der Zeitschrift ‚Zeit im Bild. Moderne Illustrierte Wochenschrift' für das enorme Honorar von 10.000 Reichsmark. Doch Heinrich Mann fürchtete weiterhin ein Einschreiten staatlicher Stellen … Doch die Fortsetzungen erschienen weiterhin, bis sich im Sommer dieses Jahres die Ereignisse in Europa überschlugen."[17]

16 Ringel, Stefan: *Ein Leben wird besichtigt*. S. 170.
17 ebd., S. 171.

Was Heinrich Mann befürchtete, traf dann auch ein. Am 13. August 1914 erhielt er von dem Redakteur der Zeitschrift folgende Mitteilung:

> *„Im gegenwärtigen Augenblick kann ein großes öffentliches Organ nicht in satirischer Form an deutschen Verhältnissen Kritik üben. ... Ganz abgesehen davon dürften wir bei der geringsten direkten Anspielung politischer Natur, etwa auf die Person des Kaisers, die ärgsten Zensurschwierigkeiten bekommen."*[18]

Der Erste Weltkrieg war ausgebrochen und an eine weitere Veröffentlichung des Romans in Deutschland war nicht mehr zu denken. Da ist es schon ein Kuriosum, dass das Werk als Buchausgabe erstmalig 1915 in Russisch herausgegeben wurde. Das Buch erschien in zwei Bänden: Band I mit dem Titel *Macht* und Band II mit dem Titel *Karriere*.[19]

Als Buchausgabe erstmalig 1915 in Russisch

Inzwischen hatte Heinrich Mann den Verlag von Kurt Wolff in Leipzig für die Herausgabe seiner *Gesammelten Romane und Novellen* gewonnen. Im April 1916 teilte Kurt Wolff dem Verlagsdirektor Georg Heinrich Meyer nach der Lektüre von *Der Untertan* sein Urteil mit:

> *„Hier ist der Anfang einer Fixierung deutscher Zustände, die uns – zumindest seit Fontane – völlig fehlt. Hier ist plötzlich ein Werk, groß und einzig, das ausgebaut für die deutsche Geschichte und Literatur sein könnte, was Balzacs Werk für das erste, Zolas für das zweite Kaiserreich waren."*[20]

---

18 *Heinrich Mann 1871–1950. Werk und Leben in Dokumenten und Bildern*, S. 134.
19 Hocke, Brigitte: *Heinrich Mann*. Leipzig: Bibliographisches Institut, 1983, S. 56.
20 *Heinrich Mann 1871–1950. Werk und Leben in Dokumenten und Bildern*, S. 137.

Vorerst plante Kurt Wolff eine Veröffentlichung des Romans aus politischen Gründen nach Kriegsende. Privatdrucke wurden allerdings an Persönlichkeiten des öffentlichen Lebens - etwa 10 Exemplare - schon damals versandt.

1918 als deutsche Buchausgabe

Nach dem Ende des Krieges und dem Zusammenbruch des Kaiserreiches konnte der Roman dann endlich 1918 als deutsche Buchausgabe im Verlag von Kurt Wolff erscheinen.

2.2 Inhaltsangabe

1. Kapitel

„Diederich Heßling war ein weiches Kind, das am liebsten träumte, sich vor allem fürchtete und viel an den Ohren litt." (S. 9) Diederich ist ein eigenartiges Kind. Er empfindet die Strenge des Vaters, der ihn häufig mit Stockschlägen bestraft, als gerecht; er akzeptiert schon als Kind vorbehaltlos die Machtausübung der Stärkeren. Das hält ihn aber nicht davon ab, schadenfroh in die Hände zu klatschen, als der Vater die Treppe herunterfällt. Obwohl die Mutter ihn verwöhnt - sie ist etwas naiv und gefühlsduselig - liebt er sie nicht, sondern versucht an ihr seine Macht auszuprobieren, indem er sie beim Vater häufig anschwärzt. Diese Haltung zeigt er dann auch in der Schule. Er verehrt die strengen Lehrer und verachtet die gutmütigen. Gegenüber seinen Schwestern spielt er gerne den gestrengen Lehrer, der kleine Fehler unnachsichtig bestraft. Den einflussreichen Schülern seiner Klasse unterwirft er sich ohne Gegenwehr. Wenn es allerdings darum geht, Intrigen anzuzetteln oder den einzigen Juden in der Klasse zu drangsalieren, findet sich Diederich immer an erster Stelle. Es ist nur logisch, wenn er sich mit dieser Haltung schnell bei den Lehrern als Spitzel andient. Das hindert ihn allerdings nicht daran, scheinheilig mit seinen Opfern im Biergarten das Lied vom guten Kameraden zu singen.

Diederich beendet seine Schulzeit ohne herausragende Leistungen. Er beginnt ein Chemiestudium an der Universität in Berlin.

Diederich lernt Agnes Göppel kennen

Im Hause des Geschäftsfreundes seines Vaters, den er mit einem Empfehlungsschreiben aufsucht, lernt er die Tochter des Hauses, Agnes Göppel, kennen. Widerstrebend und zaghaft nähert er sich ihr, besucht mit ihr ein Konzert und macht kleine Geschenke. Bei Göppels begegnet Diederich auch dem älteren Studenten Mahlmann. Dieser wohnt bei Göppels und Diederich erkennt bald, dass er sich dem überlegenen Mahlmann unterwerfen muss. Um sich dem Einfluss von Agnes und Mahlmann zu entziehen, bezieht Diederich Heßling eine neue Wohnung in einem anderen Stadtteil von Berlin. Durch Vermittlung seines ehemaligen Schulkameraden Gottlieb Hornung nimmt er Verbindung zu der Studentenverbindung Neuteutonia auf. Dort fühlt er sich bald zu Hause, die Umgangsformen untereinander sind reglementiert und alles geschieht auf Kommando: das Trinken, das Singen, das Sprechen.

Mitglied der Neuteutonia

So wird er schließlich Mitglied der Neuteutonia und Leibfuchs des Juristen Wiebel. Im Laufe der Jahre dient sich Diederich bei den Neuteutonen hoch und wird nun selbst Vorbild für die jungen Studenten, denen er den Komment vermittelt. Ein einschneidendes Ereignis im Leben Diederich Heßlings ist der Tod des Vaters. Diederich wird zum Vormund für seine Schwestern bestellt. Nach dem Studium tritt er zunächst seinen einjährigen Militärdienst in Berlin an. Er versucht aber bald ein Attest von seinem Hausarzt in Netzig zu erhalten, das ihm die Untauglichkeit für den Militärdienst bescheinigen soll. Doch Dr. Heuteufel verweigert ihm die Bescheinigung. Über einen alten Herrn der Neuteutonia, der wiederum einen Stabsarzt kennt, wird er schließlich doch vom Militärdienst befreit. Das hält ihn aber nicht davon ab, am Stammtisch der Neuteutonen Lügenmärchen über die Gründe zu erzählen, die zu seiner Ausmusterung führten. In dieser Zeit wird er auch durch die Konservativen Wiebel und Herr von Barnick mit antisemitischen und antisozialdemokratischen Anschauungen vertraut gemacht.

Im Februar 1892 wird Diederich Augenzeuge einer Arbeitslosendemonstration Unter den Linden. Er erlebt auch den Auftritt des jungen Kaisers Wilhelm II., dem er begeistert hinterherläuft. In der Nähe des Brandenburger Tores steht er auf einem Reitweg plötzlich allein dem Kaiser gegenüber. Zunächst vermutet der Kaiser in ihm wohl einen Attentäter, er erkennt aber dann schnell den unterwürfigen Untertan. Diederich verliert bei dem Vorfall die Übersicht und landet in einem Tümpel am Wegesrand.

Auftritt des jungen Kaisers Wilhelm II.

Schlüsselzitate aus dem 1. Kapitel

Stichwort	Zitat
Kindheit	*„Kam er nach einer Abstrafung mit gedunsenem Gesicht und unter Geheul an der Werkstätte vorbei, dann lachten die Arbeiter. Sofort aber streckte Diederich nach ihnen die Zunge aus und stampfte. Er war sich bewusst: ‚Ich habe Prügel bekommen, aber von meinem Papa. Ihr wäret froh, wenn ihr auch Prügel von ihm bekommen könntet. Aber dafür seid ihr viel zu wenig.'"* (S. 9)
Schule	*„Denn Diederich war so beschaffen, dass die Zugehörigkeit zu einem unpersönlichen Ganzen, zu diesem unerbittlichen, menschenverachtenden maschinellen Organismus, der das Gymnasium war, ihn beglückte, dass die Macht, die kalte Macht, an der er selbst, wenn auch nur leidend, teilhatte, sein Stolz war."* (S. 13)

Neuteutonia/ Studium	*„Das Trinken und Nichttrinken, das Sitzen, Stehen, Sprechen oder Singen hing meistens nicht von ihm selbst ab. Alles ward laut kommandiert, und wenn man es richtig befolgte, lebte man mit sich und der Welt im Frieden."* (S. 31)
Begegnung mit dem Kaiser	*„Auf dem Pferd dort, unter dem Tor der siegreichen Einmärsche und mit Zügen, steinern und blitzend, ritt die Macht! ... Jeder Einzelne ein Nichts, steigen wir in gegliederten Massen, als Neuteutonen, als Militär, Beamtentum, Kirche und Wissenschaft, als Wirtschaftsorganisationen und Machtverbände kegelförmig hinan, bis dort oben, wo sie selbst steht, steinern und blitzend!"* (S. 63 f.)

2. Kapitel

„Auf einer Bank saß eine Dame; Diederich ging ungern vorüber. Noch dazu starrte sie ihm entgegen. ‚Gans', dachte er zornig. Da sah er, dass sie ein tief erschrockenes Gesicht hatte, und dann erkannte er Agnes Göppel." (S. 65) Beide begeben sich in Diederichs Wohnung, wo Agnes ihm ihre Liebe offenbart und es daraufhin zur ersten intimen Beziehung zwischen ihnen kommt. Diederich bekennt sich danach zu seiner Verantwortung für das Vorgefallene.

Liebesverhältnis Agnes – Diederich

Das Liebesverhältnis bleibt zunächst einige Zeit erhalten. Es wird allerdings nur von Agnes intensiv gefördert,

während es Diederich weit nüchterner betrachtet. Den Höhepunkt ihrer Beziehung erleben beide bei einem Landausflug nach Mittenwalde. Das intime Zusammensein in dem Landgasthof führt bei Diederich fast zu einem Eheversprechen. Bei einer Kahnfahrt auf dem See werden beide von ihrem Gefühl übermannt, für einen Augenblick scheinen sie bereit, gemeinsam in den Tod zu gehen. Später bereut Diederich seinen Gefühlsausbruch.
In der nun folgenden Zeit in Berlin reagiert Diederich kaum noch auf das unglückliche Werben von Agnes. Um sich ihr weiter zu entziehen, wechselt er erneut seinen Wohnsitz.
In der neuen Studentenwohnung sucht ihn Herr Göppel auf, um ihn zu einem Eheversprechen zu bewegen. Scheinheilig weist Diederich den ehemaligen Geschäftsfreund seines Vaters zurück.
Nach diesem Lebensabschnitt fühlt sich Diederich in seiner Persönlichkeit gefestigt. Er beschließt, nun in seiner Heimatstadt Netzig mit aller Härte für Veränderungen zu sorgen. Als äußeres Zeichen seiner konservativen Haltung lässt er sich beim Hoffriseur Haby den Schnurrbart nach dem Vorbild von Kaiser Wilhelm II. formen.

Schlüsselzitate aus dem 2. Kapitel

Stichwort	Zitat
Beziehung Agnes – Diederich	*„Diederich ward es heiß, er küsste Agnes auf den Hals. Und plötzlich kam ihr Gesicht auf ihn zu: mit offenem Mund, halb geschlossenen Augen und mit einem Ausdruck, den er nie*

	gesehen hatte und der ihn schwindlig machte. ‚Agnes, Agnes, ich liebe dich', sagte er wie aus tiefer Not." (S. 68 f.) *„Mein moralisches Empfinden verbietet mir, ein Mädchen zu heiraten, das mir ihre Reinheit nicht mit in die Ehe bringt."* (S. 99)
Resümee	*„Die Korporation, der Waffendienst und die Luft des Imperialismus hatten ihn erzogen und tauglich gemacht. Er versprach sich, zu Haus in Netzig seine wohlerworbenen Grundsätzen zur Geltung zu bringen und ein Bahnbrecher zu sein für den Geist der Zeit."* (S. 100)

3. Kapitel

„Um weiteren Belästigungen durch die Familie Göppel aus dem Wege zu gehen, reiste er sogleich ab." (S. 102)
Während der Bahnfahrt von Berlin nach Netzig lernt er die Verlobte von Wolfgang Buck kennen. Sie heißt Guste Daimchen, ist ein rundliches Mädchen, von dem Diederich sofort beeindruckt ist. In Netzig angekommen, wird Diederich nun Oberhaupt der Familie Heßling und übernimmt auch offiziell die Leitung der väterlichen Papierfabrik. 12 Arbeiter, 3 Kontoristen, der Buchhalter Stötbier und einige Lumpensortiererinnen gehören zur Belegschaft. In der ersten Rede vor den Arbeitern und Angestellten spricht er von einem neuen straffen Leitungsstil und von seinen großen Plänen für die Fabrik und für Netzig. Die Sozialdemokraten bezeichnet er als Betriebs- und Vaterlandsverräter. Da muss er sich zunächst mit seinem Maschinenmeister, dem Sozialdemokraten Napo-

Diederich übernimmt Leitung der väterlichen Papierfabrik

leon Fischer, auseinander setzen. Auch die Liberalen im Ort, unter ihnen der geachtete alte Herr Buck, der Landgerichtsrat Kühlemann sowie der Papierfabrikant Klüsing, sieht er als politische Gegner an. Seine erste Auseinandersetzung führt er mit Napoleon Fischer, dem er kündigt, ihn dann aber wegen der Angst vor einem Streik in seiner Fabrik wieder einstellt.
Trotz seiner Vorbehalte gegenüber dem alten Buck sucht er zuerst diesen bei seinen Antrittsbesuchen auf. Diederich hat gelernt, bei Gesprächen mit Kontrahenten immer schnell seine Meinung zu ändern, wenn ihm das Vorteile verspricht. So ist es auch bei dem Besuch beim alten Buck. Er kann sich nach anfänglichem Widerspruch den Ansichten des alten Herrn nicht entziehen und versichert ihn am Ende des Gesprächs seiner Liberalität. Beim Bürgermeister lernt er den Assessor Jadassohn näher kennen, der bei der Staatsanwaltschaft arbeitet.

Assessor Jadassohn

Jadassohn offenbart sich als Gegner der Liberalen und entschiedener Antisemit. Auch hier versucht sich Diederich zunächst nicht festzulegen. Er versichert beim Abschied dem Bürgermeister, dass er trotz mancher Sympathien für Jadassohn durchaus liberal denke.
Diederich fühlt sich auch deshalb Jadassohn verbunden, weil dieser wie er Neuteutone war.
Zusammen mit dem Assessor und dem Pfarrer begibt sich Diederich zum Ratskeller. Unterwegs begegnen sie Guste Daimchen. „Die oder keine", denkt Diederich nach dem kurzen Wiedersehen. Auch die Mitglieder der Freimaurerloge, an deren Haus man vorbeikommt, gehören für Diederich zu den politisch Verdächtigen. Dr. Heuteufel, Fabrikant Lauer, Warenhausbesitzer Cohn und Landgerichtsrat Fritzsche sind ebenfalls Mitglieder der Bruderschaft.

Während des Dämmerschoppens im Ratskeller fällt vor der Villa des Regierungspräsidenten von Wulckow ein Schuss. Bei einer Demonstration wird ein Arbeiter aus Diederichs Fabrik, den er bereits entlassen hatte, von dem Posten vor dem Haus erschossen.

Ein Arbeiter wird erschossen

Die Geliebte des Arbeiters will die Leiche nicht verlassen, daraufhin verdächtigt Jadassohn das Mädchen, an dem „Aufstand" beteiligt zu sein. Es kommt zu einem heftigen Wortwechsel zwischen Jadassohn und Lauer. Im Ratskeller wird die Auseinandersetzung fortgesetzt. Es bilden sich zwei Lager: die Liberalen und die national Gesinnten. Zu Letzteren gehört auch Diederich, der im Ergebnis des Streites den Fabrikanten Lauer wegen Majestätsbeleidigung anzeigt. Jadassohn wird die Anklage vertreten.
Am Schluss des Kapitels überlässt Diederich dem Redakteur der Netziger Zeitung ein fingiertes Telegramm des Kaisers, der den Soldaten, der den tödlichen Schuss abgefeuert hat, angeblich zum Gefreiten befördert.

Schlüsselzitate aus dem 3. Kapitel

Stichwort	Zitat
Diederichs Ansprache	*„‚Leute! Da ihr meine Untergebenen seid, will ich euch nur sagen, dass hier künftig forsch gearbeitet wird. Ich bin gewillt, mal Zug in den Betrieb zu bringen.'"* (S. 106)

Verhältnis zum alten Buck	*„Die Herren im Magistrat, immer dieselben paar Familien ..., die schoben sich untereinander die Aufträge zu, und für andere Leute war nichts da. Die Papierfabrik Gausenfeld hatte sämtliche Lieferungen an die Stadt, denn auch ihr Besitzer Klüsing gehörte zu der Bande des alten Buck!"* (S. 109)
Auseinandersetzung mit Napoleon Fischer	*„‚Napoleon! So ein Name ist allein schon eine Provokation. Aber er soll sich zusammennehmen, denn so viel weiß ich, dass einer von uns beiden –', Diederich rollte die Augen, ‚– auf dem Platz bleiben wird.'"* (S. 114)
Allianz Heßling–Jadassohn	*„Jadassohns Ohren wurden dabei noch größer. Dann krähte er: ‚Auch in Netzig gibt es kaisertreue Deutsche!' Und Diederich noch lauter: ‚Die aber, die es nicht sind, werden wir uns einmal näher ansehen."* (S. 126)
die „legitimierte" Erschießung	*„‚Das Volk muss die Macht fühlen! Das Gefühl der kaiserlichen Macht ist mit einem Menschenleben nicht zu teuer bezahlt!'"* (S. 144)

das Telegramm an den Kaiser

„‚Die im Ratskeller zu Netzig tagende Versammlung national und christlich gesinnter Männer entbietet Eurer Majestät ihre einmütige begeisterte Huldigung angesichts von Eurer Majestät erhebendem Bekenntnis einer geoffenbarten Religion. Wir beteuern unseren tiefsten Abscheu vor dem Umsturz in jeder Gestalt und sehen in der heute bei uns in Netzig erfolgten mutigen Tat eines Postens die erfreuliche Bestätigung, dass Eure Majestät nicht weniger als Hammurabi und Kaiser Wilhelm der Große das Werkzeug Gottes ist.'" (S. 156 f.)

4. Kapitel

„Diederich würde, wie in der besten Neuteutonenzeit, das Mittagessen verschlafen haben, aber die Rechnung vom Ratskeller kam, und sie war bedeutend genug, dass er aufstehen und ins Kontor gehen musste. Ihm war sehr schlecht und man machte ihm auch noch Unannehmlichkeiten, sogar die Familie." (S. 161)

Es sah so aus, als wenn sich Diederich bei der Anzeige des Fabrikanten Lauer wegen Majestätsbeleidigung zu weit vorgewagt hätte.

Einige seiner Zechbrüder aus dem Ratskeller stehen nicht mehr zu ihm. Es könnte auch Schwierigkeiten mit der Telegramm-Fälschung (Kaiser-Telegramm wg. Beförderung) geben. Die Angelegenheit löst sich aber zu Diederichs Gunsten.

Wirtschaftliche Sorgen

Es gibt aber auch wirtschaftliche Sorgen: Durch den Kauf des neuen Holländers (Zerkleinerungsmaschine für Papier) verschuldete sich

Diederich erheblich, er musste sogar ein Drittel der Belegschaft kündigen, auch die erhoffte Mitgift bei einer Heirat mit Guste Daimchen ist weit geringer als angenommen. Als der neue Holländer geliefert wird, versucht Diederich durch Reklamation den Preis zu drücken. Die Firma schickt den Prokuristen Kienast zur Prüfung des Sachverhalts. Obwohl sich dieser mit Diederichs Schwester Magda verlobt, kommt es zu harten Verhandlungen um den Rabatt für die Lieferung – und um die Mitgift für Magda.

Auf einem Spaziergang trifft Diederich den Sohn des alten Buck, Wolfgang Buck, der als Rechtsanwalt den Fabrikanten Lauer im Prozess wegen Majestätsbeleidigung vertritt.

Nach all den bisherigen Misshelligkeiten kommt für Diederich während des Prozessverlaufes langsam die Wende zum Guten. Zunächst trägt Jadassohn eine scharfe Anklage gegen Lauer vor; Wolfgang Buck verteidigt den Angeklagten eindrucksvoll. Diederich, der ein Gespür für die Veränderung der Situation zu seinen Gunsten hat, geht wieder zum verbalen Angriff über. Selbst der Verteidiger ist von Diederichs Rede bei der Zeugenaussage beeindruckt.

Diederich als Sieger

Diederich verlässt als Sieger den Gerichtssaal; Herr Lauer wird zu 6 Monaten Gefängnis verurteilt. Auch geschäftlich geht es nach dem Prozess für Diederich wieder bergauf. Viele, die zu ihm auf Distanz gegangen waren, versuchen nun, seine Gunst zurück zu gewinnen. So bezeugt der Kriegerverein wieder Interesse für ihn und auch Regierungspräsident Wulckow bringt ihm wieder Wohlwollen entgegen.

Schlüsselzitate aus dem 4. Kapitel

Stichwort	Zitat
das Kaiser-Telegramm	*„‚Bekanntlich hat der Kaiser den braven Soldaten schon gestern telegrafisch zum Gefreiten befördert.' Da stand es! Kein Dementi: eine Bestätigung! Er machte Diederichs Worte zu den seinen, und er führte die Handlung aus, die Diederich ihm untergelegt hatte!"* (S. 172)
geschäftliche Sorgen	*„‚Ich schmeiß den ganzen Krempel hin!' schrie er. ‚Sie und die Leute sollen dann sehen, wo sie bleiben. Ich mit meinem Doktor hab morgen einen Direktorposten von vierzigtausend Mark!'"* (S. 182)
geächtet	*„Der Kriegerverein war ihm verschlossen, und im Ratskeller würde er niemand gefunden haben, wenigstens keinen Freund. Diederich erschien sich vernachlässigt, unverstanden und verfolgt."* (S. 184)
Diederichs Gerichtsrede	*„‚Mögen unsere Bürger', rief Diederich, ‚endlich aus dem Schlummer erwachen, in dem sie sich so lange gewiegt haben, und nicht bloß dem Staat und seinen Organen die Bekämpfung der umwälzenden Elemente überlassen, sondern selbst mit Hand anlegen! Das ist Befehl Seiner Majestät, und meine Herren Richter, da sollte ich zögern?'"* (S. 230 f.)

Diederich triumphiert

„Der Regierungspräsident hatte den Kriegerverein mit seinem Besuch beehrt und sich gewundert, den Doktor Heßling nicht dort zu finden. Da ward Diederich es inne, was für eine Macht er war. Er handelte demgemäß." (S. 244 f.)

5. Kapitel

„Noch schwellten solche Hochgefühle Diederichs Brust, da bekamen Emmi und Magda eine Einladung von Frau von Wulckow, nachmittags zum Tee." (S. 247) Die Schwestern sollen beim Fest der „Harmonie" in einem Theaterstück der Frau von Wulckow mitspielen.

Als Diederich Guste Daimchen seine Fabrik zeigt, erfährt er, dass deren Erbe nicht 50.000 Reichsmark, sondern 350.000 Reichsmark beträgt. Intime Annäherungsversuche während des Rundgangs weist Guste zurück.

Dann kommt das Gerücht auf, dass Guste Daimchen das uneheliche Kind des alten Buck und demnach ihr Verlobter, Wolfgang Buck, ihr Stiefbruder sei. In der Folgezeit bemüht sich Diederich weiter um Verbündete. Er macht sich für Herrn von Wulckow nützlich und wirbt scheinheilig um die Gunst des alten Buck. Dieser verspricht Diederich seine Unterstützung bei der Bewerbung für das Amt eines Stadtverordneten.

Als Diederich in einem Zimmer Käthchen Zillich sexuell bedrängt, werden die beiden von Guste Daimchen überrascht. Käthchen Zillich geht zur Offensive über und fragt Guste, ob das Gerücht über ihre Herkunft stimme. Als Ergebnis der Auseinandersetzung kommt Guste Daimchen zu der Einsicht, dass Diederich doch wohl der rechte Mann für sie ist.

Mit Napoleon Fischer verständigt sich Diederich über die gegenseitige Unterstützung bei der Bewerbung um das Amt als Stadtverordneter. Nicht so erfolgreich entwickelt sich das Verhältnis zum Regierungspräsidenten von Wulckow. Als Diederich ihm dreist einen Spekulationsgewinn beim Kauf eines Grundstücks anbietet, ist von Wulckow entrüstet. Er sieht in dem Verhalten Diederichs den Tatbestand der Beamtenbestechung.

Verlobung Guste – Diederich

Inzwischen hat Wolfgang Buck die Verlobung mit Guste Daimchen gelöst. Sie ist nun frei für Diederich und es kommt zur Verlobung des neuen Paares. Als die Verlobten eine Lohengrin-Aufführung besuchen, geht es Diederich nicht um den Kunstgenuss, sondern um die Frage, ob die Aufführung nationalen Erfordernissen Rechnung trage.

Kronenorden vierter Klasse

Am Tag der Hochzeit bekommt das Paar Besuch vom Premierleutnant a. D. Karnauke. Diederich wird genötigt, sein Grundstück unter Wert zu verkaufen. Karnauke fungiert als Mittelsmann im Auftrag des Regierungspräsidenten von Wulckow. Nachdem der Vertrag beim Notar besiegelt ist, erhält Diederich während der Hochzeitsfeier von Karnauke den Kronenorden vierter Klasse verliehen. Diederich ist beglückt. Zufrieden begibt er sich mit Guste auf die Hochzeitsreise.

Schlüsselzitate aus dem 5. Kapitel

Stichwort	Zitat
Gustes Erbe	*„Da kochte Guste auf. Diederich fuhr zurück, so gefährlich sah es aus. ‚Fünfzigtausend! Ihnen ist gewiss nicht wohl? Wie komme ich*

	dazu, dass ich mir das muss sagen lassen! Wo ich bare dreihundertfünfzigtausend auf der Bank liegen hab, in richtiggehenden Papieren!" (S. 251 f.)
Beamten-beleidigung	*„'Herr! Für wen halten sie mich? Bin ich Ihr Geschäftsagent? Das ist unerhört, das war noch nicht da! So ein Koofmich mutet dem Königlichen Regierungspräsidenten zu, er soll seine schmutzigen Geschäfte mitmachen! ... Sie machen sich einer schweren Beamtenbeleidigung schuldig, Herr!' schrie Wulckow."* (S. 337)
die Ordens-verleihung	*„'Seine Majestät... Unerhörte Gnade... Bescheidene Verdienste, nie wankende Treue...' Er dienerte, er legte, wie Karnauke ihm das Kreuz überreichte, die Hand auf das Herz, schloss die Augen und versank: so als stände vor ihm ein anderer, der Geber selbst."* (S. 360 f.)
die Hochzeits-nacht	*„'Bevor wir zur Sache selbst schreiten', sagte er abgehackt, 'gedenken wir Seiner Majestät unseres allergnädigsten Kaisers. Denn die Sache hat den höheren Zweck, dass wir Seiner Majestät Ehre machen und tüchtig Soldaten liefern.'"* (S. 361)

6. Kapitel

„Herr und Frau Doktor Heßling aus Netzig sahen einander stumm an im Lift des Züricher Hotel, denn man fuhr sie in den vierten Stock." (S. 362) In Zürich erfährt das Paar, dass der Kaiser zu einen Staatsbesuch nach Italien kommt. Sofort beschließt Diederich, ebenfalls nach Italien zu reisen, um den Kaiser zu treffen, und er schafft es: Auf dem Bahnhofsvorplatz in Rom begegnet er zum zweiten Mal seinem Kaiser. Mit gezogenem Hut und Beifallsrufen begleitet er die kaiserliche Droschke. So währt es auch in den folgenden Tagen; immer bleibt Diederich dem Kaiser auf den Fersen, er hält sogar Wache vor der Residenz Wilhelms II., so dass man schon annimmt, er gehöre zur Delegation des Kaisers. Als der Kaiser nach Deutschland zurückkehrt, bricht auch das Ehepaar Heßling die Hochzeitsreise ab. Diederich will sich jetzt in Netzig vor allem dem Wahlkampf widmen. Es geht darum, wer aus Netzig in den Reichstag gewählt wird. Für die Freisinnigen bewirbt sich Dr. Heuteufel, für die Sozialdemokraten Napoleon Fischer. Beide haben zunächst gute Chancen. Die Nationalen mit Diederich an der Spitze favorisieren nach einigen faulen Kompromissen den Sozialdemokraten Fischer. Aber es gibt Schwierigkeiten für Diederich im Wahlkampf. Vor allem der alte Buck verdächtigt ihn, mit seinen politischen Zielen auch wirtschaftliche Vorteile anzustreben. Selbst der Pakt mit Napoleon Fischer funktioniert nicht so, wie er es gerne wünscht. Als Familienoberhaupt hat er ebenfalls Probleme. Er muss nun am eigenen Leib erfahren, was er seinerzeit Herrn Göppel bei der Agnes-Affäre angetan hat.

Zweite Begegnung mit dem Kaiser

Seine Schwester Emmi hat ein Verhältnis mit Leutnant von Brietzen. Dieser bringt Diederich gegenüber zum Ausdruck, dass Emmi für ihn aus moralischen Gründen als Gattin nicht in Frage kommt. Um Emmi aus dem Wege zu gehen, lässt er sich aus Netzig versetzen. Inzwischen ist der Wahltag herangekommen. Es gibt ein Stechen zwischen Dr. Heuteufel von den Freisinnigen und dem Sozialdemokraten Napoleon Fischer.

Diederich verbreitet ein Korruptionsgerücht, um die Freisinnigen zu diskreditieren.

Zunächst hat das keinen Erfolg, dann aber gelingt es Fischer doch, mit Hilfe der Nationalen den Sieg zu sichern. Nun kann Diederich auch für sich weitere Erfolge verbuchen. So wird das Kaiser-Wilhelm-Denkmal bewilligt und zu einem besonders günstigen Preis kann Diederich Aktien der Gausenfeld-Papierfabrik erwerben. Eine Folge dieser Transaktion ist, dass Diederich Heßling zum Generaldirektor des Unternehmens berufen wird und der alte Buck an wirtschaftlicher und politischer Macht verliert. Zu Hause hat Diederich allerdings erneut einen Skandal zu befürchten. In der Familie tauchen pornografische Briefe auf. In letzter Minute wird Gottlieb Hornung als Sündenbock gefunden. Nach einem inszenierten Sanatoriumsaufenthalt stattet ihn Diederich mit finanziellen Mitteln aus, damit er fern von Netzig sein Leben neu ordnen kann.

Generaldirektor des Unternehmens

Diederich sieht es als große Ehre an, dass er die Festrede zur Einweihung des Kaiser-Wilhelm-Denkmals halten soll. Als es so weit ist, bricht ein Unwetter aus. Diederich flüchtet unter das Rednerpult und erhält dort aus den Händen des Schutzmannes den Wilhelmsorden.

Nach der Feier, auf dem Heimweg, findet er die Tür zum Haus der Familie Buck geöffnet. Er tritt ein und sieht, wie die Familie Abschied von Herrn Buck nimmt, der im Sterben liegt. Diederich entfernt sich unerkannt.

Schlüsselzitate aus dem 6. Kapitel

Stichwort	Zitat
erneute Begegnung mit dem Kaiser	*„Und dann wandte der Kaiser den Kopf und lächelte. Er erkannte ihn wieder, seinen Untertan!"* (S. 367)
der Wahlsieg	*„Fünftausend und mehr Stimmen für Fischer! Heuteufel mit kaum dreitausend war fortgefegt von der nationalen Woge, und in den Reichstag zog der Sozialdemokrat. Die ‚Netziger Zeitung' stellte einen Sieg der ‚Partei des Kaisers' fest, denn ihr verdanke man es, dass eine Hochburg des Freisinns gefallen sei – …"* (S. 418)
erneute Ordensverleihung	*„‚Den haben wir!' sagte Diederich laut in der leeren Gasse. ‚Und wenn es Dynamit regnet!' Der Umsturz der Macht vonseiten der Natur war ein Versuch mit unzulänglichen Mitteln gewesen. Diederich zeigte dem Himmel seinen Wilhelms-Orden und sagte ‚Ätsch!' – worauf er ihn sich ansteckte, neben den Kronenorden vierter Klasse."* (S. 474 f.)
die Vision des alten Buck	*„Vom Entsetzen gedämpft, rief die Frau des Ältesten: ‚Er hat etwas gesehen! Er hat den Teufel gesehen!' Judith Lauer stand langsam auf und schloss die Tür. Diederich war schon entwichen."* (S.478)

2.3 Aufbau

In chronologischer Folge werden die einzelnen Lebensabschnitte des Diederich Heßling in 6 Kapiteln dargestellt. In jedem Kapitel erhellen einzelne Episoden besonders eindrucksvoll den Weg der Hauptfigur zum bedingungslosen Untertanen Seiner Majestät und zum erbarmungslosen Familientyrann sowie zum eiskalten Machtpolitiker im gesellschaftlichen Leben in Netzig.

chronologisch

Übersicht zur Struktur des Romans

Kapitel	Strukturelement	Ereignis	Seite
1	Familiensozialisation	- Abstrafung durch den Vater - Tyrannisierung der Mutter und der Schwestern	9 11 13
	Schulsozialisation	- der Rohrstock als Symbol der Macht - Erniedrigung eines jüdischen Schülers	13 15
	Berlin-Aufenthalt/ der „Bildungsgang"	- Demütigung durch Mahlmann - Machtausübung gegenüber jungen Korpsstudenten - die Kaiser-Episode	24 39 63 f.
2	Abschluss des „Bildungsganges"	- Festigung moralischer Positionen Agnes-Episode - Festigung politischer Anschauungen Diederichs Bekenntnis	93 100

Kapitel	Strukturelement	Ereignis	Seite
3	Aufstieg in Netzig	- Herr über Fabrik und Familie	105 ff.
		- Agitator am Stammtisch	129 ff.
		- Eiferer gegen den Umsturz	144 ff.
		- gegen Majestätsbeleidigung	147
		- das Kaiser-Telegramm	157 ff.
4	Neue Erfahrungen im Umgang mit den Instrumenten der Macht	- geschickter Familienpolitiker	200 f.
		- die Gerichtsrede	229 ff.
		- neue Geschäftsverbindungen	243
	Intrige, Korruption, Demagogie	- Aufnahme in den Kriegerverein	244
5	Festigung der familiären, politischen und wirtschaftlichen Macht	- das Harmoniefest	269 ff.
		- Aufwartung beim alten Buck	298 ff.
		- Umgang mit dem Regierungspräsidenten	329 ff.
		- Zweckbündnis mit Napoleon Fischer	321 ff.
		- Verlobung mit Guste Daimchen	344 f.
		- Preisdiktat des Regierungspräsidenten beim Grundstücksverkauf	355 ff.
6	Höhepunkt der Karriere; Vision des alten Buck	- der Untertan und sein Kaiser in Italien	364 f.
		- Erfolg im Wahlkampf	418 f.
		- Entmachtung des alten Buck	429 f.
		- Dr. Diederich Heßling wird Generaldirektor	432 f.
		- Sieg im Familienkrieg bei der Brief-Affäre	440 f.

Kapitel	Strukturelement	Ereignis	Seite
		– Festrede bei der Denkmalseinweihung; Ordensverleihung	465 ff.
		– Vision des alten Buck	477

2.4 Personenkonstellation und Charakteristiken

Heinrich Mann hat seinen Roman *Der Untertan* mit einem weit verzweigten Figurenensemble ausgestattet. Alle Protagonisten gruppieren sich in den einzelnen Episoden um die Hauptfigur, die so immer im Blickpunkt des Lesers bleibt.

Die Unternehmer als Vertreter des Bürgertums

Wählt der Leser als Blick auf das Figurenensemble die gesellschaftlichen Kräfte in Netzig während der Regierungszeit Wilhelms II., so ergibt sich folgende Sicht: Die Unternehmer als Vertreter des Bürgertums werden durch Diederich Heßling, Herrn Göppel, Herrn Klüsing und Herrn Lauer repräsentiert. Der Adel wird durch den Regierungspräsidenten von Wulckow, den Leutnant von Brietzen und durch den Neuteutonen Herrn von Barnick vertreten. Zu den Repräsentanten des Staates gehören der Regierungspräsident von Wulckow , der Staatsanwalt Jadassohn und der Bürgermeister Dr. Scheffelweis. Zur Intelligenz zählen - so der Kreis weit gezogen wird - der alte Herr Buck, sein Sohn Wolfgang Buck, Prof. Kühnchen, Dr. Heuteufel, Redakteur Nothgroschen und Pastor Zillich. Die Vertreter der Arbeiterschaft werden nur anonym erwähnt. Eine besondere Stellung nimmt in diesem Zusammenhang Napoleon Fischer ein. Er gibt sich zwar als Sozialdemokrat und damit als Vertreter der Arbeiterschaft aus, es wird aber im Handlungsverlauf nicht erkennbar, dass die Arbeiterschaft ihn als ihren Repräsentanten akzeptiert, dafür ist Napoleon Fischer zu sehr auf seinen Vorteil bedacht. Außerdem wird er von Diederich Heßling korrumpiert.

Kurzcharakteristiken der Hauptfiguren

Diederich Heßling

Feige Unterwürfigkeit gegenüber allen Mächtigen und Stärkeren sowie Kälte und Brutalität im Verhalten zu Schwächeren und Untergebenen sind die bestimmenden Charakterzüge des Diederich Heßling als Untertan des Kaisers auf dem Wege zur Macht.

Mit eindrucksvollen Worten skizziert Heinrich Mann den schwächlichen Sohn eines Netziger Papierfabrikanten auf den ersten Seiten des Romans. Das Verhalten des Kindes weist bereits viele Verhaltensweisen auf, die sich in seinem Entwicklungsgang zum Untertanen und Tyrannen immer stärker ausprägen.

Die Mutter und die Geschwister lobt oder straft er, immer die jeweilige Situation geschickt ausnutzend: Die Mutter verpetzt er beim Vater, die Schwestern bestraft er grausam, wenn sie beim Diktat Fehler machen. In der Schule unterwirft er sich den Lehrern und denunziert Mitschüler. Triumphierend zwingt er den einzigen jüdischen Mitschüler, vor dem Kreuz niederzuknien.

In Berlin empfindet Diederich die Mitgliedschaft bei den Neuteutonen und seine kurze Militärzeit als „das Aufgehen im großen Ganzen!" (S. 51) Er ordnet sich auch hier den Stärkeren unter und nimmt an der Macht teil, wenn es die Umstände erlauben.

Ordnet sich den Stärkeren unter

Am Ende seines Berliner Bildungsganges haben sich seine politischen und moralischen Anschauungen bereits gefestigt. Sein Aufstieg zur Macht in Netzig kann auf Charakterzüge aufbauen, die bereits in der Kindheit, der Schulzeit und während des Studiums angelegt sind.

Mit unnachgiebiger Härte und hohlen Phrasen, häufig den Reden des Kaisers entlehnt, verschafft sich Diederich in der Familie und im Betrieb die notwendige Autorität.
Während der Antrittsbesuche bei den Honoratioren in Netzig ist er bemüht, die politischen und wirtschaftlichen Machtkonstellationen in der Stadt zu sondieren. Zunächst ist er vorsichtig, - unsicher, wie er sich verhalten soll. Er passt sich an. Deshalb behandelt er seinen späteren Gegner, den alten Buck, zuvorkommend, er widerspricht ihm nur zaghaft. Den Nationalen und Konservativen fühlt sich Diederich von Anfang an verbunden. Sie bilden die kaisertreue Stammtischrunde im Ratskeller. Zu dieser Runde gehören Assessor Jadossohn, Pastor Zillich, Gymnasialprofessor Kühnchen und Major Kunze. In dem Fabrikanten Lauer sieht Diederich einen Konkurrenten, den er wegen Majestätsbeleidigung vor Gericht bringt. Nach Lauers Verurteilung sind diesem alle wirtschaftlichen und politischen Einflussmöglichkeiten in Netzig genommen. Diederichs Macht ist gefestigt. In dem Gerichtsprozess gewinnt er auch das Duell gegen seinen Widerpart, den Rechtsanwalt Wolfgang Buck. Dieser ist die Kontrastfigur zu Diederich Heßling, er verkörpert nicht die Macht, sondern den Geist. Provokationen und skrupelloses Handeln sind die Instrumente in der Auseinandersetzung, die Diederich meisterhaft beherrscht. Sein endgültiger Sieg im Kampf um die Macht ist aber gefährdet, solange es nicht gelingt, den Vertreter der Sozialdemokratie mit ins nationale Boot zu holen. Gerade im Verhältnis zu dem Sozialdemokraten Napoleon Fischer wird deutlich, wie schnell Diederich seinen politischen Standpunkt ändert, um möglich viel Einfluss zu gewinnen. Er schließt am Ende mit Napoleon Fischer einen politischen Pakt (Mandat zu den Reichstagswahlen), der beiden die

Provokationen und skrupelloses Handeln

gewünschte Einflussnahme sichert. Allein den Regierungspräsidenten von Wulckow vermag Diederich nicht zu täuschen. Für Diederich ist von Wulckow der Vertreter der Macht, dem er sich sofort unterwirft, obwohl ihn die Demütigung durch Wulckow tief kränkt. Er erkauft sich schließlich die Gunst des Regierungspräsidenten, indem er ihm ein Grundstück sehr günstig überlässt. Damit ist auch von dieser Seite her Diederichs weiterer Aufstieg zur Macht abgesichert.

Auch bei Diederichs Beziehungen zu den Frauen setzt er seine Vorstellungen und Pläne durch. In seiner Kindheit erfährt Diederich, dass seine Mutter eine Reihe von Eigenschaften hat, die den seinen ähnlich sind (gefühlsselig, weich, ängstlich, autoritätsgläubig). Gerade weil sie ihm ähnlich ist, hasst er sie und versucht, sich ihr gegenüber männlich-autoritär durchzusetzen.

männlich-autoritär

Als der Vater gestorben ist, ordnet sich die Mutter widerstandslos dem neuen Familienoberhaupt unter.

Auch Guste Daimchen gegenüber fühlt er sich zunächst unsicher. Erst als sie durch das Gerücht, ihr Verlobter Wolfgang Buck sei ihr Halbbruder, diskreditiert wird und Diederich sich als nunmehr gute Partie erweist, ordnet sie sich Diederich unter. Durch die Mitgift kann Diederich seine wirtschaftliche Position in Netzig erheblich festigen. Bei seinem Liebesverhältnis mit Agnes Göppel in Berlin glaubt der Leser zunächst sympathische Züge an Diederich zu entdecken. Erst als sie sich ihm vorbehaltlos hingibt und er spürt, dass sie ihm bei seinem weiteren Aufstieg zur Macht nicht nützlich sein kann, verlässt er sie skrupellos. Ironie des Schicksals, dass später seine Schwester Emmi ebenso niederträchtig von ihrem Geliebten, dem Leutnant von Brietzen, behandelt wird. Mehr Glück hat er mit seiner Schwester Magda. Er verkuppelt sie an den Prokuristen Kienast und kann dadurch sein Unternehmen ohne große Verluste weitersanieren.

Der Roman schließt mit der Vision des alten Buck. Diederich flieht aus dem Haus des Sterbenden. Damit konfrontiert der Autor Diederich auf dem Höhepunkt seiner Macht noch einmal mit dieser Figur. Obwohl der alte Buck im Verlauf der Handlung immer mehr an Einfluss in Netzig verliert, geht von dieser Romanfigur auf Diederich eine starke Irritation aus. In den Dialogen zwischen beiden zeigt sich Diederich meist sehr verunsichert. Er spürt , dass er dem alten Buck weder moralisch noch intellektuell gewachsen ist. Um sich durchzusetzen, greift er zu den Instrumenten der Macht, die er beherrscht, u. a. zur Intrige.

Wolfgang Buck

Die Kontroversen zwischen Diederich Heßling und Wolfgang Buck werden in vielen Publikationen als die Auseinandersetzung zwischen Geist und Tat bezeichnet. Während Diederich als der nach Macht strebende skrupellose Spießer dargestellt wird, verkörpert der Sohn des alten Buck humanistische Werte, die vor allem im Gerichtsprozess wegen Majestätsbeleidigung gegen Lauer erkennbar werden.

Humanistische Werte

Die Bezeichnung „Geist und Tat" geht auf eine gleichnamige Essaysammlung (1910) von Heinrich Mann zurück. Dort heißt es:

> *„Der Faust- und Autoritätsmensch muss der Feind sein. Ein Intellektueller, der sich an die Herrenkaste heranmacht, begeht Verrat am Geist. Denn der Geist ist nichts Erhaltendes und gibt kein Vorrecht."*[21]

Am Ende des Romans resigniert Wolfgang Buck. Er muss wohl scheitern, weil er zu unentschlossen ist und zu wenig kämpfe-

21 Schröter, Klaus: *Heinrich Mann. Mit Selbstzeugnissen und Bilddokumenten*, S. 69.

risch seine Position vertritt. Dafür findet der Leser viele Belege im Text. So hält er es für nützlich, sich „in allen Lagern umzusehen." (S. 80) Oft ironisiert er seine eigene Handlungsweise und stellt sie so in Frage: „‚Manchmal möchte ich nämlich General werden und manchmal Arbeiterführer.'" (S. 80) Seine bemerkenswerte Haltung im Lauer-Prozess ist eher akademisch-feingeistig als betont kämpferisch. Sein Publikum, das er zum Gerichtsprozess mitbringt, sind Leute vom Theater. Im Kommentar zu den Ereignissen übermittelt uns der Erzähler im Roman häufig seine Wertung: „Buck war geschlagen; seine feisten Wangen senkten sich, in kindlicher Traurigkeit." (S. 220)

akademisch-feingeistig

In der Verteidigungsrede setzt Wolfgang Buck auf die Urteilsfähigkeit seiner Zuhörer. Mit rhetorischen Mitteln, gewandt im Umgang mit der Sprache, versucht er das Gericht von seiner Verteidigung zu überzeugen:

> *„Ich werde also nicht vom Fürsten sprechen, sondern vom Untertan, den er sich formt; nicht von Wilhelm II., sondern vom Zeugen Heßling. Sie haben ihn gesehen! Ein Durchschnittsmensch mit gewöhnlichem Verstand, abhängig von Umgebung und Gelegenheit, mutlos, solange hier die Dinge schlecht für ihn standen, und von großem Selbstbewusstsein, sobald sie sich gewendet hatten."* (S. 237)

Mit dieser Strategie scheitert er schließlich. Resignierend sagt er im nächtlichen Dialog mit seinem Vater: „‚Worauf hoffen, Vater? Sie hüten sich, die Dinge auf die Spitze zu treiben wie jene Privilegierten vor der Revolution. Aus der Geschichte haben sie leider Mäßigung gelernt.'"(S. 456)

Der alte Herr Buck

liberal-demokratischer Bürger

Die Figur im Roman, die wohl am ehesten der Vorstellung Heinrich Manns von einem liberal-demokratischen Bürger entspricht, ist der alte Herr Buck. Er wird in Netzig als integere Persönlichkeit geachtet und wird trotzdem am Ende zur tragischen Figur, weil er mit seinen humanistischen Idealen scheitert.
Der alte Herr Buck ist ein „Achtundvierziger" und steht somit in der Tradition der bürgerlich-demokratischen Ziele der Revolution von 1848. Zu Beginn der Handlung ist er noch ein mächtiger Mann in Netzig, mit dem es sich der Jungunternehmer Diederich Heßling nicht verderben will. Bucks Verlust an gesellschaftlichem Ansehen und wirtschaftlicher Macht vollzieht sich langsam, aber kontinuierlich. Er findet schließlich keine Verbündeten mehr unter den Honoratioren von Netzig, um seine demokratisch-liberalen Vorstellungen im politischen, kulturellen und wirtschaftlichen Leben der Stadt zu verwirklichen. Letztendlich bleibt ihm nur die Hoffnung auf eine bessere Zukunft, wie es in dem schon erwähnten nächtlichen Dialog mit seinem Sohn zum Ausdruck kommt: „Er sagte leise wie aus der Ferne: ‚Der würde nicht gelebt haben, der nur in der Gegenwart lebte.'" (S. 456)

Verlust an gesellschaftlichem Ansehen

Napoleon Fischer

Heinrich Mann mag den Vornamen Napoleon wohl mit Bedacht gewählt haben, um dem Leser einen Hinweis zu geben, wie diese Figur einzuordnen ist. Napoleon Fischer ist eine schillernde Persönlichkeit, die auf die eigenen wirtschaftlichen und politi-

Schillernde Persönlichkeit

schen Interessen mehr bedacht ist als auf die Durchsetzung von Forderungen der Arbeiterschaft, für die er sich als führender Sozialdemokrat eigentlich einsetzen sollte. Der Autor hat keinen wirklich revolutionären Arbeiterführer im Roman gestaltet.[22]
Fischer sichert seinem Chef Diederich Heßling die notwendigen Stimmen zur Wahl als Stadtverordneter. Dafür unterstützt Heßling die Kandidatur Fischers für den Reichstag.
Dass Fischer der eigene Machtaufstieg wichtiger ist als die Interessen der Arbeiter, zeigt sich auch darin, dass er Diederich Heßling verspricht, sich nach seiner Wahl zum Reichstagsabgeordneten dafür einzusetzen, dass der öffentliche Sozialfonds für den Bau des Kaiserdenkmals zur Verfügung stehen wird.

Dr. Jadassohn

Auch Jadassohn will unbedingt Karriere machen. Politisch sucht er seine Heimat in der national-konservativen Stammtischrunde im Netziger Ratskeller. Seine große Chance zum Aufstieg sieht er als Vertreter der Staatsanwaltschaft im Prozess wegen Majestätsbeleidigung gegen Lauer. Der Prozess spielt eine besondere Rolle in den Stammtischdiskussionen, bei denen Jadassohn als Autorität der Staatsgewalt Anerkennung findet. In den Diskussionen und in seinem Verhalten steht er voll auf der kaisertreuen Seite, gegen die Demokraten und Freisinnigen.

Kaisertreue Seite

Seine Eitelkeit offenbart sich auch in mehr äußerlichen Aktivitäten, so in der Schönheitsoperation seiner missgestalteten Ohren. Weltanschaulich ist Jadassohn von Geburt aus Jude, aber

22 Vgl. Ebersbach, Volker: *Heinrich Mann. Leben – Werk – Wirken.* S. 152 f.

auch hier hat er keine Skrupel, sich durch die christliche Taufe neu zu positionieren, um dadurch sein Ansehen in der Stadt zu festigen.

Guste Daimchen

Zwei Frauen begleiten auf besondere Weise Diederich während seines Aufstiegs in Netzig: Guste Daimchen und Käthchen Zillich. Beide Frauen beeindrucken ihn wegen ihrer Forschheit, ihres Aussehens und in gewisser Hinsicht wegen ihrer Frivolität. Sie sind auf ihre Art ganz anders als die „brave" Agnes. Schließlich wird die reiche Guste Daimchen von Diederich zur Gattin erwählt und nicht die schillernde Diva und Pastorentochter Käthchen Zillich.
Guste Daimchen beeindruckt Diederich schon bei der ersten Begegnung im Zugabteil auf der Fahrt nach Netzig. Ihr burschikoses Selbstbewusstsein macht sie ihm sympathisch. Guste ist aber mit Diederichs Schulkameraden, dem Rechtsanwalt Wolfgang Buck verlobt. Die Verbindung zwischen diesem ungleichen Paar ist allerdings nicht sehr dauerhaft. Nachdem Diederich erfahren hat, dass Guste eine gute Partie ist, denkt er nicht mehr an eine Verbindung mit der liebestollen Käthchen Zillich. Als das Gerücht gestreut wird, dass Wolfgang Buck der Halbbruder von Guste sei, ist diese auch schnell bereit, ihre Gunst dem richtigen Mann, eben Diederich, zu schenken. Guste entwickelt sich nach der Heirat zu einem Muster an Ehefrau für den kaisertreuen Unternehmer. Sie schenkt ihm 1894, 1895 und 1896 ein Mädchen und zwei Söhne, bringt ihre Mitgift ins Geschäft ein, bestellt ihr Haus ordentlich und betritt im gesellschaftlichen Leben von Netzig nur das Terrain,

Burschikoses Selbstbewusstsein

das ihr von Diederich zugewiesen wird: „‚Halte dich an die drei großen G', bedeutete er Guste. ‚Gott, Gafee und Gören.'" (S. 442) Nur im ehelichen Schlafzimmer soll sich Guste nicht an die übliche Rollenverteilung halten, da bleibt Diederich Guste sexuell willig untertan: „‚Ich bin die Herrin, du bist der Untertan', versicherte sie ausdrücklich. ‚Aufgestanden! Marsch!'" (S. 446) Am Morgen nach solchen Nächten ist Diederich aber wieder Herr der Lage, wenn er sich das Wirtschaftsbuch vorlegen lässt und einen Fehler feststellt (S. 446).

2.5 Sachliche und sprachliche Erläuterungen

Bei den sachlichen und sprachlichen Erläuterungen gehen wir kapitelweise vor, um eine leserfreundliche Orientierung zu ermöglichen. **Vor dem Schrägstrich** wird das **Kapitel** angegeben, **danach** folgt die **Seitenangabe**.

Textbeleg	Erklärung
1/15:	Untertertia: 4. Klasse, nach der früher üblichen Zählung der Klassen von oben nach unten entspricht die Untertertia der heutigen 8. Klassenstufe, die Obertertia (5.) der heutigen 9.
1/15:	Ordinarius: hier Klassenlehrer am Gymnasium
1/15:	Primus: der Klassenbeste
1/16:	Primaner: Schüler einer der beiden letzten Klassen des Gymnasiums
1/20:	Sentimentalität: Empfindsamkeit
1/23:	imposant: eindrucksvoll
1/26:	Bouquet: auch Bukett, Blumenstrauß
1/31:	Korporation: Studentenverbindung
1/31:	Neuteutonia: bekannte studentische Verbindung
1/32:	Kommersbuch: studentisches Liederbuch
1/33:	Fuchs: hier junger Student der ersten Semester, der einer Korporation angehört.
1/33:	Korpsdiener: Person, die die Mitglieder der Korporation bedient.
1/34:	Konkneipant: Student, der die Kneipe von Korpsstudenten besucht, ohne Mitglied der Korporation zu sein.

1/39:	Bierverschiss: so genannte Bierstrafe, wer im Bierverschiss ist, darf nicht am gemeinsamen Gesang und am gemeinsamen Trinken (Salamanderreiben) teilnehmen, er darf auch niemandem zutrinken und muss seine Bierehrlichkeit so schnell wie möglich wiederherstellen.
1/38:	Referendar: Anwärter auf eine höhere Position, z. B. im Schuldienst oder im juristischen Dienst nach dem ersten Staatsexamen
1/38:	Komment: Regeln für den Umgang untereinander in einer Korporation
1/41:	satisfaktionsfähig: gesellschaftlich der gleichen Schicht angehörend, nur dann ist ein Duell möglich
1/41:	Genugtuung fordern: jemand zum Duell herausfordern
1/50:	Einjähriger: Wehrpflichtiger, der auf Grund seines Bildungsgrades (z. B. höherer Schulabschluss) nur ein Jahr zu dienen brauchte. Viele Einjährige wurden später Reserveoffiziere.
1/56:	Assessor: Anwärter auf eine höhere Stellung in der Verwaltung nach der 2. Staatsprüfung (vgl. Referendar, 1/33)
1/56:	Privatissimum: Vorlesung vor einem kleinen Kreis von Zuhörern
1/56:	Stöcker, Adolf, St. (1835–1909), Hofprediger, Begründer der christlich-sozialen Partei, zeitweise Führer des Antisemitismus
1/62:	Schmiss: in der Studentensprache Gesichtsverletzung nach einem Duell im Fechten, galt als ehrenvoll

1/63:	Sedan: frz. Stadt, in der im Dt.-Frz. Krieg 1870/71 die französische Armee kapitulierte.
2/81:	Lassalle, Ferdinand: sozialdemokratischer Politiker, gründete 1863 den Allgemeinen Deutschen Arbeiterverein, aus dem 1890 die SPD hervorging.
2/82:	Schöngeist: Kunstliebhaber, Kunstfreund
3/105:	Holländer: hier Zerkleinerungsmaschine für Papier
3/105:	Kontorist: hier Büroangestellter; von Kontor (Schreibstube, Büro)
3/109:	Landgerichtsrat: damals Titel im höheren juristischen Dienst
3/109:	Nepotismus: Verwandtenbegünstigung, Vetternwirtschaft
3/111:	animalisch: tierisch, triebhaft
3/119:	Partikularmacht: hier Vertreter von Sonderinteressen, die sich gegen das Volk richteten.
3/130:	Philister: Spießbürger (beschränkter, kleinlicher Mensch)
3/133:	Sakrament: hier Ehe, die auf Grund einer kirchlichen Handlung geschlossen wird.
3/137:	Orgie: ausschweifendes Fest
3/155:	Druckfahne: hier Zeitungsseite, die vor der endgültigen Drucklegung korrigiert wird.
3/157:	Hammurabi: König von Babylon, der ein großes Reich schuf (1728–1686 v. Chr.).
3/157:	Präzedenzfall: Fall, der für spätere ähnliche Fälle beispielhaft ist.

4/208:	Kanaille: wörtlich Schurke, Schuft
4/220:	Gothaer Almanach: Adelsregister
4/236:	Byzantinismus: kriechende Unterwürfigkeit gegenüber Höhergestellten (benannt nach dem Hof von Byzanz und dem dortigen Zeremoniell)
4/244:	Kriegerverein: Verein, in dem ehemalige Angehörige des Militärs und Verehrer des Militärs Mitglied sein können.
5/249:	Akkord arbeiten: Bezahlung nach der Arbeitsleistung (nach der gefertigten Stückzahl)
5/257:	Sonntagsschule: Kindergottesdienst und Religionsunterricht, der von der Kirchengemeinde für die Kinder angeboten wurde.
5/274:	aristokratischer Gesichtspunkt: vornehme Auffassung
5/292:	Kratzfuß: altertümlicher Höflichkeitsbeweis, bei dem gleichzeitig mit der Verbeugung ein Fuß leicht schleifend in weitem Bogen nach hinten geführt wird.
5/300:	Pietät: Frömmigkeit, Rücksicht auf die Gefühle anderer Menschen
5/313:	Plädoyer: zusammenfassende Rede des Strafverteidigers und Staatsanwalts vor Gericht
5/319:	deutscher Aar: hier Adler als deutsches Wappentier
5/327:	Freimaurerloge: internationaler Männerbund zur Pflege der Humanität, ohne kirchliche Bindung, in diesem Zusammenhang sind auch Lauers soziale Bestrebungen zu sehen.
5/341:	Lohengrin: Oper von Richard Wagner

6/362:	Odaliske: weiße Sklavin im ehemaligen türkischen Harem
6/390:	Freisinn: ursprünglich Freisinnige Partei, seit 1893 Freisinn
6/390:	Zynismus: Lebensanschauung, die menschliche Werte herabsetzt und verspottet
6/407:	Prokurist: Inhaber einer Prokura (Recht, den Geschäftsführer zu vertreten, Handlungsvollmacht)
6/416:	Eugen Richter: deutscher Politiker (1638–1906), Führer der Freisinnigen Volkspartei, bekannt durch seine schlagfertigen Reden im Deutschen Reichstag
6/421:	Hypothek: im Grundbuch eingetragenes Pfandrecht an einem Grundstück
6/425:	Aktionär: Besitzer von Aktien (Aktie: Anteilschein an Kapital)
6/426:	Makler: Geschäftsvermittler
6/432:	Fusion: Zusammenschluss
6/435:	Kaiserhoch: Hochrufe auf den Kaiser
6/436:	Kapitalrente: Einkünfte, die die Besitzer von Produktionsmitteln ohne eigene Arbeitsleistung aus den produzierten Gütern beziehen.
6/436:	Dividende: der auf eine Aktie entfallende Gewinnanteil
6/444:	Malteserorden: königlich preußischer Johanniterorden, widmete sich besonders der Pflege von Kranken und Verwundeten
6/464:	Monokel: Augenglas für nur ein Auge
6/469:	Militärkordon: Absperrung durch das Militär

2.6 Stil und Sprache

Das Erfassen der sprachkünstlerischen Gestaltung eines literarischen Textes fördert das Verständnis des literarischen Werkes. Auch bei dem vorliegenden Roman benutzt Heinrich Mann ganz bestimmte sprachliche Mittel (u. a. lexikalische Mittel und syntaktische Mittel bei der Gestaltung der Dialoge und des Erzählerkommentars), um beim Leser eine bestimmte Wirkung zu erreichen (Charaktere der Protagonisten erkennen, Wertung des Erzählers erfassen usw.). Lässt man sich bei der Analyse von Sprache und Stil von Auffälligkeiten im lexikalischen und syntaktischen Bereich leiten, so muss zuerst die satirische Sprachverwendung genannt werden.[23] Dabei ist zunächst zu fragen, was unter „Satire" zu verstehen ist:

> *„Satire ist eine in allen literarischen Gattungen mögliche Darstellungsform, die durch Übertreibung, Ironie und beißenden Spott an Personen und Ereignissen Kritik übt, sie der Lächerlichkeit preisgibt, Zustände anprangert und mit scharfem Witz geißelt."*[24]

In *Der Untertan* konzentriert sich die satirische Gestaltung vor allem auf die Hauptperson.

> *„Die satirische Entlarvung der Hohlheit und Verlogenheit der Position Heßlings ist dabei umso wirkungsvoller, als seine Selbstdarstellung in der Sprache des Romans zugleich seine Selbstentlarvung bewirkt."*[25]

---

23 Vgl. Hummel-Wittke, Monika: *Heinrich Mann, Der Untertan. Interpretation.* München: Oldenbourg, ^{3}1998.

24 *Facetten. Lese und Arbeitsbuch Deutsch für die Oberstufe.* Leipzig: Ernst Klett Schulbuchverlag, 2001, S. 180.

25 Hummel-Wittke, Monika: *Heinrich Mann, Der Untertan*, S. 63

Weitere auffällige sprachliche Gestaltungsmittel sind die Verwendung von Fachausdrücken für Bezeichnungen aus der Produktion (z. B. Holländer), Termini aus der Ökonomie (z. B. Dividende) und aus der Politik (z. B. Freisinn), aus der Geschichte und Kunst (z. B. Sang an Ägir, Odaliske, Malteserorden), aus dem Militärwesen (z. B. Einjähriger) und der Studentensprache (z. B. Komment). Auffällig ist auch die Verwendung von Wörtern mit regionaler Färbung, die der Zeichnung lokalen und sozialen Kolorits bei der Dialoggestaltung dienen.
Im Folgenden werden einige dieser Besonderheiten von Sprache und Stil an Beispielen in einem Modul dokumentiert (siehe auch 2.5).

Sprachliches Mittel/ Stil	Erklärung	Textbeleg
Satirische Sprachverwendung		
- Nachahmung der Kaiserrede durch Diederich	Der Untertan identifiziert sich mit seinem Vorbild, sieht sich seinen Untergebenen gegenüber in der Person des Kaisers.	Rede an seine Arbeiter S. 106 f.
- wörtliche Übernahme bestimmter Phrasen aus Kaiserreden in die eigenen Äußerungen	Durch die wörtliche Übernahme pathetischer Formulierungen will Heßling seine Macht dokumentieren und stabilisieren.	Kaiser: „Denn für Mich ist jeder Sozialdemokrat gleichbedeutend mit Reichs- und Vaterlandsfeind."[26] Heßling: „Denn

26 ebd., S. 62.

		für mich ist jeder Sozialdemokrat gleichbedeutend mit Feind meines Betriebes und Vaterlandsfeind.'" (S. 106 f.)
	Im Verlauf der Handlung identifiziert sich Diederich immer mehr mit dem Kaiser, bis er sich schließlich ganz eins mit ihm fühlt.	„Das Wort erregte Bgeisterung; und als Diederich allen, die ihm zutranken, nachgekommen war, hätte er nicht mehr sagen können, ob es von ihm selbst war oder nicht doch vom Kaiser." (S. 246)
– satirische Zeichnung Heßlings durch den Kommentar des Erzählers	Die Sprech- und Verhaltensweisen von Diederich werden ironisiert.	„Er machte schroff kehrt und ging schnaufend davon." (S. 107) „Er rollte die Augen." (S. 114)
– pejorative Wortwahl	Diskriminierung des politischen Gegners (Napoleon Fischer)	„Sehn Sie mal, Stötbier, die Vorderflossen hängen ihm bis an den Boden. Gleich wird er auf allen vieren laufen und

		Nüsse fressen. Dem Affen werden wir ein Bein stellen, verlassen Sie sich darauf." (S. 114)
Fachwortschatz – Produktion	Kennzeichnung der Produktion und Austattung von Diederich Heßlings Fabrik	Holländer (S. 105), Schneidemaschine (S. 105), Lumpensaal (S. 111), Messerwalze (S. 187)
– Ökonomie	Aussagen über die Wirtschaft im Kaiserreich von den Gründerjahren bis zum Ausgang des 19. Jh.	Hypothek (S. 421), Makler (S. 426), Aktionär (S. 425), Fusion (S. 432), Kapitalrente (S. 436), Dividende (S. 436)
– Geschichte/Kunst	Informationen zur Einordnung der Handlung in historische und kulturelle Zusammenhänge	A. Stöcker (S. 56), F. Lassalle (S. 81), Sedan (S. 63), Partikularmacht (S. 119), Hammurabi (S. 157), Kotillon (S. 316), Odaliske (S. 362), E. Richter (S. 416), Sang an Ägir (S. 451)

– Militär/Verwaltung	Informationen über Militär und Gemeinwesen zum Verständnis der Handlung	Einjähriger (S. 50), Assessor (S. 56), Kontorist (S. 105), Regierungspräsident (S. 120), Kriegerverein (S. 244), Prokurist (S. 407), Militärkordon (S. 469), Premierleutnant (S. 355)
– Studentensprache	Charakteristik von Diederichs Berliner Bildungsgang bei den Neuteutonen	Neuteutonia (S. 31), Korporation (S. 31), Kommersbuch (S. 32), Fuchs (S. 33), Bierverschiss (S. 39), Komment (S. 38)
Dialekt/ Sondersprache	Charakteristik der handelnden Personen	Neuteutone Delitzsch: „‚Wovon habt 'r denn geredt, während ich anderweitig beschäftigt war? Wisst ihr denn egal nischt wie Weibergeschichten? Was koof ich mir für die Weiber.'" (S. 33)

Gymnasial-professor Kühnchen: „‚Wie's brannte, warfen sie die Kinder ausm Fenster und wollten ooch noch von uns, dass wir se auffangen sollten... Mit unseren Bajonetten-hammer die kleenen Luder uffgefangen.'" (S. 153)

Premierleutnant Karnauke: „‚Weiß Bescheid. Nur keine Fisimatenten. Höherer Befehl. Schnauze halten und verkaufen, sonst gnade Gott.'" (S. 355)

2.7 Interpretationsansätze

Als Adressaten dieses Beitrages gelten Schüler des 8.–13. Schuljahres, wobei der Leistungskurs (Jahrgangsstufe 12/13) nicht unmittelbar im Blickpunkt steht. Es handelt sich im Folgenden auch nicht um detaillierte Interpretationen, sondern ausdrücklich um Interpretationsansätze. Aus diesen Gründen erfolgt die Interpretation nicht nach besonders ausgewählten Einzelaspekten aus einzelnen Problemfeldern des Romans, sondern die Ausführungen in diesem Heft sind **inhaltlich-thematisch** determiniert.

Der **Prozess der Einordnung Diederich Heßlings in die Gesellschaft des Kaiserreiches** und der Anfang der **Entwicklung seines autoritären Charakters bzw. seiner Unterordnung unter Stärkere** beginnt bereits im **Elternhaus** sowie in der **Schule** und setzt sich in der **Berliner Zeit** fort. Das widerspruchsvolle Denken und Handeln des Untertans zeigt sich bereits in dieser Entwicklungsphase.

„Macht erleiden“ und „Macht ausüben“, das sind die Pole, unter denen sich Diederichs Entwicklung in den ersten beiden Kapiteln des Romans vollzieht.[27] Er unterwirft sich dem autoritären Charakter des Vaters, der als Familienoberhaupt und Fabrikbesitzer mit seinem „silbrigen Kaiserbart“ (S. 10) und mit „verwitterten Unteroffiziersgesicht“ (S. 10) Familie und Betrieb beherrscht. Den Lehrern ist er ergeben, den Rohrstock als Symbol der Macht bekränzt er. Bei den Neuteutonen dient er mit Hingabe dem Studenten Wiebel als Fuchs und in seiner kurzen Militärzeit unterwirft er sich bedingungslos dem Kadavergehorsam in der kaiserlichen Armee. Die von Heinrich Mann hervorragend satirisch gestaltete erste Begegnung mit dem Kaiser und die unfreiwillige Landung in einem Tüm-

27 Müller-Michaels, Harro: *Deutschkurse*. S. 127.

pel bildet den vorläufigen Höhepunkt in der Entwicklung seiner Untertanenmentalität.
Die Machtausübung steht in den ersten beiden Kapiteln noch hinter dem Macht-Erleiden.
Trotzdem ist auch sie bereits in einigen Episoden präsent: Diederich beschimpft die Arbeiter, die in der Fabrik des Vaters arbeiten, er drangsaliert einen jüdischen Schüler, er schlägt bei der Demonstration der Arbeitslosen 1892 auf einen Mann mit „Künstlerhut" (S. 62) ein und am Ende seiner Studentenzeit verurteilt er seinen Fuchs zum Bierverschiss. Auch der Mutter und den Geschwistern gegenüber gibt er sich autoritär.

Machtausübung nimmt kontinuierlich zu

Bei Diederich Heßlings **Rückkehr nach Netzig** nimmt die **Machtausübung** im Verhältnis zum **Erleiden der Macht** kontinuierlich zu. „Immer deutlicher entwickelt Heßling sich dabei vom Individuum zum Typus des strukturlosen Untertanen und zugleich Unterdrückers."[28]
Obwohl es bei diesem Aufstieg für Diederich auch Rückschläge gibt (s. Kapitel 2.2 der Erläuterung), erfolgt der Aufstieg zur Macht in den Stationen, die bereits in der Inhaltsangabe (2.2) dargestellt wurden.
Leitmotivisch fungiert bei dieser Entwicklung die ständige Annäherung des Untertans an sein Vorbild, den Kaiser.

> *„Die ganze ‚Erziehung' und Entwicklung Diederichs läuft denn auch auf einer immer genaueren Identifikation mit der Person des Kaisers und dem in ihr verkörperten Prinzip hinaus. Und zwar ist der Roman strukturell so angelegt, dass jedes der sechs Kapitel auf eine jeweils höhere Stufe der Rollenidentität hinführt, auf der zugleich das rollenbestimmende Prinzip sich in fortschreitender Steigerung offenbart."*[29]

---

28 ebd., S. 128.
29 Nägele, Rainer: *Theater und kein gutes. Rollenpsychologie und Theatersymbolik in Heinrich Manns Roman ‚Der Untertan'*. In: Colloquia Germanica 7, H. 1, 1973, S. 30.

Auch hier sind die Stationen dieser Entwicklung in den Kapiteln 2.2/2.3 dieser Erläuterung nachzuvollziehen: Huldigungstelegramm an den Kaiser und die Antwort darauf, Übernahme von Redefragmenten des Kaisers aus der Reichstagsdebatte, Gedenken an den Kaiser in der Hochzeitsnacht, die Rede im Prozess wegen Majestätsbeleidigung, die Rede bei der Denkmalseinweihung u. a. m.
In Beiträgen zur Interpretation des Romans wird häufig darauf verwiesen, dass sich in der Vita Diederich Heßlings bereits der spätere Typus des Faschisten zeigt:

> *„Die Ideologie, die Heßling im Verlauf der Romanhandlung übernimmt, hat in der Regel noch präfaschistischen Charakter; nur wenige Passagen können bereits als dezidiert faschistisch bezeichnet werden, so z. B. sein Aufruf in der Wahlversammlung der Kaisertreuen zu einer* ***spartanischen Zucht der Rasse*** *und seine Forderung* ***Blödsinnige und Sittlichkeitsverbrecher … durch einen chirurgischen Eingriff an der Fortpflanzung zu verhindern.*** (S. 385).“[30]

Eine besondere Funktion hat der **Majestätsbeleidigungsprozess** in dem Roman. Einerseits ist diese Episode ein hervorragendes Beispiel satirischer Gestaltung, andererseits vollzieht sich nach diesem Prozess eine politische und wirtschaftliche Umgruppierung in Netzig, in deren Verlauf Diederich mit seiner Rede zur Denkmalseinweihung den Höhepunkt seiner Macht erreicht. Heinrich Mann selbst hat die Bedeutung dieses Prozesses in dem Roman hervorgehoben. Er schreibt in einem Brief: „Der Majestätsbeleidigungsprozess ist das Centrum, und der centrale Punkt.“[31] Neben der Bewunderung Heßlings für die Anwendung der Macht in ihrer inhumansten Form, näm-

Satirische Gestaltung

30 Hummel-Wittke, Monika: *Heinrich Mann. Der Untertan.* S. 37
31 Dt. Akademie (Hg.): *Heinrich Mann 1871–1950. Werk und Leben in Dokumenten und Bildern.* S. 129.

lich der Tötung eines unschuldigen Arbeiters, steht in der Episode die Verteidigungsrede von Wolfgang Buck im Mittelpunkt der Auseinandersetzung.

Aufstieg zur Macht

Nach Diederichs Rede als Zeuge im Prozess gegen Lauer ist sein Aufstieg zur Macht endgültig gesichert. Die politische Gruppierung in Netzig vollzieht sich in der Folgezeit ganz im Sinne von Heßling. Sofort nach dem Prozess äußert der Regierungspräsident von Wulckow sein Wohlwollen (S. 233). Auch die Netziger Zeitung trägt der veränderten Lage Rechnung. Sie unterstützt Diederich nun nicht nur politisch, sondern auch ökonomisch, indem sie aus Heßlings Werk einen Teil des Papiers bezieht. Zu den Folgen des Prozessausgangs gehört auch ein Brief von Major Kunze an Diederich, in dem er mitteilt, dass nach einem „bedauerlichen Missverständnis der Aufnahme des hochverdienten Herrn Doktors in den Kriegerverein nichts mehr im Wege stehe."(S. 244) Auch der „Berliner Lokal-Anzeiger", das Blatt seiner Majestät, würdigt Diederichs Auftreten. In einer Rede vor den Stadtverordneten hatte er das Vorbild des Kaisers hervorgehoben (S. 325).

Die Einweihung des Kaiser-Denkmals, aus deren Anlass Diederich die Rede halten darf, und die Verleihung des Wilhelm-Ordens bilden den Höhepunkt seiner Karriere. Seine Rede besteht zum größten Teil nur noch aus Kaiserzitaten. Die Zuhörer mussten den Eindruck gewinnen, dass da nicht ein Bürger Netzigs, sondern der Kaiser selbst spricht. Doch dann setzt ein Unwetter ein, das die ganze kaisertreue Gefolgschaft vom Festplatz vertreibt. Die Rede und die Ordensverleihung durch einen Schutzmann unter dem Rednerpult gerät zur Farce. Das Gewitter kommt ausgerechnet aus der Richtung, in der das einfache Volk dem Spektakel distanziert zuschaut. Das Naturereignis wird zum Symbol:

> *„Das Gewitter wird zum politischen Symbol: Wenn der Himmel* ***mit einer Heftigkeit*** *platzt,* ***die einem lange verhaltenen Ausbruch glich,*** *so steht dies als Symbol für den Umsturz der bestehenden Gesellschaftsordnung durch den lange aufgestauten Zorn des Proletariats."*[32]

Noch weiter in der Interpretation geht der Beitrag in einer Unterrichtshilfe aus der DDR:

> *„In dem symbolischen Schlussbild ist die Ahnung des Dichters zu spüren, diese Gesellschaft ist nicht von Dauer. Heßling ist noch einmal davongekommen. Um diese Ordnung zu beseitigen, bedarf es anderer Mittel – so die Erkenntnis des Lesers."*[33]

Verlässt man bei den Interpretationsansätzen das lineare Vorgehen (dem Handlungsgeschehen folgend), dann ist auch ein Blick auf **die Rolle von Literatur und Kunst** im Leben von Diederich Heßling aufschlussreich. Eine Reihe von Zitaten aus dem Roman ist für Diederichs Einstellung zu Literatur und Kunst bezeichnend: „So viel Geld, um einen zu sehen, der Musik machte!" (S. 23); „Der deutsche Aufsatz war ihm das Fremdeste und wer sich darin auszeichnete, gab ihm ein unerklärtes Misstrauen ein." (S. 17); „‚Das sind unsere schlimmsten Feinde! Die mit ihrer so genannten feinen Bildung, die alles antasten, was uns Deutschen heilig ist!'" (S. 83) In zwei sehr ausführlichen Episoden wird die Einstellung Diederichs zu Literatur, Musik und Theater besonders deutlich. Es handelt sich um die Aufführung des Laienspiels „Die heimliche Gräfin" (S. 269 ff.) und um die Lohengrin-Episode (S. 346 ff.). Auch die Gespräche mit Wolfgang Buck, der zeitweise als Schauspieler tätig war, über das Theater und die Schauspieler sind in diesem Zusammenhang zu sehen (S. 313).

Auffassung Diederichs von Literatur, Musik und Theater

32 ebd., S. 72.
33 *Unterrichtshilfen Deutsche Sprache und Literatur: Literatur, Klasse 10*, S. 80.

In der Lohengrin-Episode geißelt Heinrich Mann den zeitgenössischen Wagnerkult. Diederich und Guste nehmen in der Bühnenloge des Netziger Stadttheaters Platz und kommentieren das Geschehen jeweils aus ihrer Sicht. Guste lässt sich hämisch über die Schauspieler aus.

Diederich dagegen erfreut sich am nationalen Pathos der Aufführung: „Überhaupt ward Diederich gewahr, dass man sich in dieser Oper sogleich wie zu Hause fühlte. Schilder und Schwerter, viel rasselndes Blech, kaisertreue Gesinnung, Ha und Heil und hochgehaltene Banner und die deutsche Eiche: man hätte mitspielen mögen." (S. 347 f.) Diederichs Resümee zu den Künsten insgesamt benötigt keinen weiteren Kommentar:

> *„Unter den Künsten gab es eine Rangordnung. ‚Die höchste ist die Musik, daher ist es die deutsche Kunst. Dann kommt das Drama.' ‚Warum?' fragte Guste. ‚Weil man es manchmal in Musik setzen kann und weil man es nicht zu lesen braucht, und überhaupt.' ‚Und was kommt dann?' ‚Die Porträtmalerei natürlich wegen der Kaiserbilder. Das Übrige ist nicht so wichtig.' ‚Und der Roman?' ‚Das ist keine Kunst. Wenigstens Gott sei Dank keine deutsche: das sagt schon der Name.'"* (S. 354)

3. Themen und Aufgaben

Die Lösungstipps beziehen sich auf die Seiten der vorliegenden Erläuterung.

1) Thema: **Diederich Heßling auf dem Wege zum Untertan und Karrierist in Kindheit und Jugend**

Lösungstipps S. 31 ff., 53

Textgrundlage: Kap. 1

- Erläutern Sie an Beispielen, dass sich wesentliche Charakterzüge von Diederich schon im Elternhaus und in der Schule zeigen.
- Wie zeigt sich Diederich als Untertan und als Tyrann in seiner Studentenzeit bei den Neuteutonen?
- Welche Mittel wendet Diederich an, um sich vor dem Militärdienst zu drücken?
- Wie gestaltet Heinrich Mann die erste Begegnung Diederichs mit dem Kaiser?

2) Thema: **Der kaisertreue Untertan auf dem Weg zur Macht in der Netziger Gesellschaft**

Lösungstipps S. 36 ff., 54 f., 74, 76

- Die Antrittsbesuche bei den Honoratioren der Stadt: Wie verhält sich Diederich bei den einzelnen Besuchen?

Textgrundlage: Kap. 3

- Diederichs Weg vom Besitzer einer kleinen Fabrik zum Generaldirektor eines großen Unternehmens: Wie sichert Heßling sich seinen wirtschaftlichen Aufstieg?

Textgrundlage: Kap. 3/4/6

▶ Der Aufstieg im politischen Leben der Stadt: Analysieren Sie Diederichs Stellung in den politischen Gruppierungen vor und nach dem Prozess wegen Majestätsbeleidigung!	Textgrundlage: Kap. 4/5/6

3) Thema: **Der Kaiser und sein Untertan**	Lösungstipps S. 68 f.
▶ Analysieren Sie die Aussagen zu dem Thema am Ende der einzelnen Kapitel!	Textgrundlage: Kap. 1/2/3/4/5
▶ Vergleichen Sie die Wortwahl Diederichs bei seiner Rede vor den Arbeitern seiner Fabrik, als Zeuge beim Prozess gegen Lauer und bei der Denkmalseinweihung!	Textgrundlage: S. 106 f./229 f./ 465 f.
▶ Nennen Sie Schlüsselstellen, in denen Heinrich Mann mit satirischen Mitteln das Verhältnis Diederich Heßlings zu Wilhelm II. gestaltet!	

4) Thema: **Die Entlarvung Diederich Heßlings im Plädoyer Wolfgang Bucks während des Prozesses gegen Lauer**	Lösungstipps S. 41 f., 57, 75
▶ Analysieren Sie Inhalt und Aufbau der Verteidigungsrede von Wolfgang Buck!	Textgrundlage: S. 106 f./229 f./ 465 f./S. 210 ff.
▶ Setzen Sie die Zeugenaussage Diederich Heßlings mit der Rede Wolfgang Bucks in Beziehung!	

- Gibt es in der Rede von Wolfgang Buck Hinweise, die den Schluss zulassen, dass hier der Autor seine eigene Meinung äußert?

5) Thema: **„Autorität und Sitte triumphierten" – Diederich Heßlings Verhältnis zu den Frauen**

Lösungstipps S. 34 ff., 43 f., 60 f.

- Wählen Sie Textstellen zum Verhältnis Diederich – Agnes, Diederich – Guste, Diederich – Käthchen aus! Gibt es Unterschiede im Verhalten Diederichs zu diesen Frauen?
- Wie beurteilen Sie die folgende Aussage Diederichs „Mein moralisches Empfinden verbietet mir, ein Mädchen zu heiraten, das mir ihre Reinheit nicht mit (Diederich – Herr v. Brietzen) in die Ehe bringt." (S. 99)?

Textgrundlage: Kap. 2/S. 99, Kap. 6/S. 398 f.

6) Thema: **„Das ist die Kunst, die wir gebrauchen." Erläutern Sie anhand der Lohengrin-Episode Diederich Heßlings Auffassung zu Kunst und Kultur!**

Lösungstipps S. 77 f., 92

- Stellen Sie Zitate zusammen, die für Diederichs Auffassung zu Kunst und Kultur stehen! Werten Sie die Zitate!

Textgrundlage: S. 269 ff./S. 346 ff.

▶ Erläutern Sie Funktion und Wirkung sprachkünstlerischer Mittel anhand ausgewählter Beispiele aus der Textstelle zur Aufführung des Laienspiels *Die heimliche Gräfin* und zur *Lohengrin*-Episode!

7) Thema: **Die Interpretation des Romans durch Wolfgang Staudtes Verfilmung von 1951**

Lösungstipps S. 88 ff.

(Die Aufgabe ist natürlich nur sinnvoll, wenn es im Rahmen des Projekts die Möglichkeit gibt, den Film anzuschauen.)

▶ Vergleichen Sie die Gestaltung der Denkmalseinweihung im Roman und im Film!

▶ Formulieren Sie einen kurzen Text für ein neues Programmheft zu dem Film!

8) Thema: **Verfassen Sie einen kurzen Text zu dem Roman für das Internet!**

▶ Verfassen Sie zunächst Ihren Text, danach können Sie einen Vergleich mit anderen Texten vornehmen, etwa mit dem Eintrag, den Sie unter folgender Adresse im Internet finden: http://www.dhm.de/lemo/html/kaiserreich/kunst/untertan

9) Thema: **Verfassen Sie einen kurzen Klappentext für eine mögliche Schülerausgabe des Romans!**

4. Rezeptionsgeschichte

Die Rezeptionsgeschichte des Romans *Der Untertan* ist eng verknüpft mit unterschiedlichen Urteilen zum Wirken und zum Werk Heinrich Manns. **Wolfgang Emmerich** stellt dazu mit Bezug auf *Der Untertan* fest, dass bei dem Roman eine **Polarisierung der Kritiker** zu beobachten war: „hier die ‚national gesinnte', konservative bis reaktionäre, illiberale und triebfeindliche Rechte, die den Autor hasste (wie er sie) – dort die liberal, anarchistisch oder sozialistisch Gesonnenen, die sich mit Heinrich Mann mehr oder weniger einig wussten."[34]
Die Kritiker, so auch Bruder **Thomas Mann**, sahen in dem Roman **„nur Satire", „nur Karikatur"**[35], während seine Anhänger, wie z. B. **Kurt Tucholsky**, darauf **entgegneten:** „‚Das gibt es nicht – das kann es nicht geben! Karikatur! Parodie! Satire! Pamphlet!' Und ich sage: bescheidene Fotografie. Es ist in Wahrheit schlimmer, es ist viel schlimmer."[36]
Im Folgenden soll versucht werden – in gebotener Kürze – **unterschiedliche Urteile** zur Rezeptionsgeschichte des Romans in Form eines **literarhistorischen Abrisses** zu geben.
Kurz nach dem **Erscheinen des Romans** schrieb der Schriftsteller **Arthur Schnitzler in einem Brief an Heinrich Mann**:

> *„Zwischen Weihnachten und Neujahr habe ich Ihren ‚Untertan' gelesen, der mir, selbst an Ihren Werken gemessen, eine außerordentliche Leistung vorzustellen scheint; kühn im Entwurf, unerbittlich in der Durchführung, von wildestem Humor, und mit unvergleichlicher Kunst erzählt."*[37]

---

34 Emmerich, Wolfgang: *Heinrich Mann. Der Untertan.* S. 127.
35 ebd., S. 128.
36 zitiert nach Emmerich, Wolfgang: *Heinrich Mann. Der Untertan.* S. 139.
37 Deutsche Akademie (Hg.): *Heinrich Mann 1871–1950. Werk und Leben in Dokumenten und Bildern.* S. 142

Zu einem **anderen Urteil** kam **Hermann Nagel in einem offenen Brief an Heinrich Mann:**

> *„Untertanen von Ihrem Schlage befinden sich nur in Ihrem beschränktem Gesichtskreise, in Berlin WW und im Cafe ‚Größenwahn', darin setze ich keinen Zweifel. Und insofern, als sie nur Ihren eigenen Gesellschaftskreis, Ihr trautes Heim und Ihre Freunde schildern, möchte ich dem keinen ernstlichen Widerspruch entgegensetzen."*[38]

Auch in der **Weimarer Zeit** setzen sich die Kontroversen um den Roman fort. **Kurt Tucholsky** wurde in diesem Zusammenhang schon mehrfach als streitbarer **Befürworter** von Heinrich Manns *Der Untertan* hier zitiert.
In **Adolf Bartels Literaturgeschichte:** *Die deutsche Geschichte der Gegenwart*, **findet sich ein vernichtendes Urteil:**

> *„Mir ist Heinrich Mann immer zu wüst gewesen, als dass ich ihn hätte ernst nehmen können; seit seinen letzten Romanen, zumal dem ‚Untertan', betrachte ich ihn einfach als nationalen Schädling."*[39]

Zur Heinrich-Mann-Rezeption während des Nationalsozialismus in Deutschland findet sich bei Wolfgang Emmerich die folgende Anmerkung:

> *„Das Heinrich-Mann-Bild der gleichgeschalteten deutschen Literaturgeschichtsschreibung unter dem Faschismus ist eines der totalen Negativität, Ignoranz, und Verunglimpfung. Man macht sich nicht einmal mehr die Mühe, auf den ‚Untertan' oder andere Werke konkret einzugehen ..., sondern schweigt den Autor zumeist schlicht tot."*[40]

---

38 zitiert nach Emmerich, Wolfgang: *Heinrich Mann. Der Untertan.* S. 132 f.
39 ebd., S. 137.
40 ebd., S. 141.

Auch nach dem **Zweiten Weltkrieg blieb das Urteil zu Heinrich Mann und seinem Werk zwiespältig.** Besonders die **marxistisch bestimmten Urteile und die Wertungen der bürgerlich humanistisch Schriftsteller und Germanisten unterschieden sich.**
Unmittelbar nach dem Zweiten Weltkrieg schrieb der marxistische Philosoph und Literatursoziologe **Georg Lukacs in seinem Werk *Deutsche Literatur im Zeitalter des Imperialismus:***

> *„Heinrich Mann aber ist ein Anti-Spießer im Sinne der französischen Revolution, die es unternahm, nicht nur den Aristokratismus, sondern auch das Philistertum auszurotten."*[41]

In der sowjetischen Besatzungszone und dann in der DDR wurde die **positive Rezeption des Romans** ohne Abstriche fortgesetzt. Belege für diese Wertung sind u. a. die Aufnahme des Werkes in alle **Lehrpläne zum Literaturunterricht** in der DDR (9. und 12. Schuljahr) und die **Verfilmung des Buches durch Wolfgang Staudte** (1951).
Marcel Reich-Ranicki sah diese Entwicklung in Ostdeutschland und in der DDR allerdings durchaus kritisch (1987):

> *„Wer will, mag Heinrich Mann hochjubeln. Dies hat man in Ostberlin in den fünfziger und auch noch in den sechziger Jahren getan – so aufdringlich und so hartnäckig, dass eine ganze in der DDR aufgewachsene Generation jetzt nicht einmal seinen Namen hören will. Inzwischen ist man dort vernünftiger geworden und schreibt über ihn in der Regel sachlich, bisweilen auch nicht unkritisch."*[42]

---

41 ebd., S. 145.

42 Reich-Ranicki, Marcel: *Thomas Mann und die Seinen.* Frankfurt a. M.: Fischer Taschenbuch Verlag GmbH, [10]1990, S. 126.

Wie aber sah die **Heinrich-Mann-Rezeption** in der **Bundesrepublik Deutschland** aus?
Bei Wolfgang Emmerich findet sich 1980 folgende Antwort auf diese Frage:

> *„In den Westzonen und seit 1949 der Bundesrepublik hat der ‚Untertan' zunächst gar keine neue massenhafte Wirkung getan, blieb unbekannt und ungelesen. ... Erst Ende der 60er Jahre, mit dem neu erwachten Interesse der Studentenbewegung am Obrigkeitsstaat und den Produktionsverhältnissen des autoritären Charakters, ist es in der BRD zu einer neuerlichen Lektüre und Analyse des Romans gekommen. Schließlich wurde er 1978 sogar in die ‚100 Bücher der Weltliteratur' der Wochenzeitung ‚Die Zeit' aufgenommen. ...“*[43]

Reich-Ranicki sah zumindest die Rolle der westdeutschen Verlage bei der Heinrich-Mann-Rezeption weit positiver:

> *„Zwei westdeutsche Verlage wetteifern in der Bemühung, uns auch noch die unerheblichsten (um nicht zu sagen gänzlich missratenen) Bücher Heinrich Manns in möglichst zuverlässigen und zum Teil liebevoll bearbeiteten Editionen zugänglich zu machen. Seine ‚Gesammelten Werke in Einzelausgaben' erscheinen im Claassen Verlag. ... Derselbe Verlag hat 1976 eine zehnbändige Taschenbuch-Kassette mit einer Auswahl seiner Romane und Novellen auf den Markt gebracht. Bei S. Fischer wiederum wurde eine ‚Studienausgabe in Einzelbänden' verlegt.“*[44]

Der Literaturkritiker bescheinigte den Verlagen, dass sie sich „viel Mühe gegeben haben.“[45]

---

43 Emmerich, Wolfgang: *Heinrich Mann. Der Untertan.* S. 150.
44 Reich-Ranicki, Marcel: *Thomas Mann und die Seinen.* S. 115 f.
45 ebd., S. 116.

Er sah das Desinteresse am Werk Heinrich Manns auch nicht vordergründig in unterschiedlichen ideologischen Positionen bei dem Dichter und seinen Kritikern begründet, sondern auch in der Frage „nach der Qualität der Werke Heinrich Manns."[46]

> *„Er schrieb gern, viel und schnell. Er war fleißig, doch gehörten Sorgfalt, Geduld und Ausdauer zu seinen Tugenden nicht."*[47]

Andererseits lobte der **Schriftsteller und Nobelpreisträger Heinrich Böll 1969 in der Zeitschrift *Akzente*** den Roman *Der Untertan* mit folgenden Worten:

> *„Im ‚Untertan' ist die deutsche Klein- und Mittelstadtgesellschaft bis auf den heutigen Tag erkennbar. ... Ich war erstaunt, als ich den ‚Untertan' jetzt wieder las, erstaunt und erschrocken: Fünfzig Jahre nach seinem Erscheinen erkenne ich immer noch das Zwangsmodell einer untertänigen Gesellschaft."*[48]

Film *Der Untertan*, 1951

Sehr unterschiedlich war auch **das Echo auf den Film** *Der Untertan*, der 1951 nach dem auflagenträchtigsten Buch Heinrich Manns gedreht wurde. Bereits kurz nach der Uraufführung wurde der Film in der **sowjetischen Zeitung** *Prawda* **überschwänglich gelobt:** „Der Film *Der Untertan* ist eine hervorragende Satire nicht nur über das Kaiserdeutschland, sondern auch über die heutigen Heßlings, die auf Weisung der amerikanisch-englischen Imperialisten die Remilitarisierung Westdeutschlands betreiben."[49]

---

46 ebd.

47 ebd.

48 Zitiert nach Emmerich, Wolfgang: *Heinrich Mann. Der Untertan.* S. 156 f.

49 Brüning, Jens: *Wir erinnern. Manuskript Deutschlandfunk. Hintergrund Kultur. Vor 50 Jahren: Uraufführung des DEFA-Films „Der Untertan".* Sendung am 31. 08. 2001.

Somit war der Film mitten in die Auseinandersetzungen des Kalten Krieges geraten.
Der Regisseur Wolfgang Staudte hatte den Film um einen Epilog erweitert, der ihm besonders in der DDR Anerkennung und Preise einbrachte. Der **Deutschlandfunk erinnerte am 31. August 2001 an die Uraufführung des Filmes im Jahr 1951.** Dabei wurde auch auf die Wirkung des Filmes in der DDR eingegangen:

> *„Der Schauspieler Werner Peters erlebte in dieser Rolle des Diederich Heßling den Höhepunkt seiner kurzen Kinokarriere. Besonders am Schluss, als er die Enthüllungsrede für ein Denkmal des vergötterten Kaisers Wilhelm Zwo zu halten hat, läuft Peters zu Hochform auf. Wolfgang Staudte verlängerte das Ende des Romans um einen Epilog, der vom säbelrasselnden Kaiserreich bis zu den Trümmern, die der Nazikrieg hinterließ, eine Linie zieht. Von der DDR gab es für diese Leistung einen Nationalpreis 2. Klasse."*[50]

Das Nachrichtenmagazin *Der Spiegel* tadelte Staudte noch 6 Jahre später (1957) für seinen Film:

> *„Der Untertan ist ein Paradebeispiel ostzonaler Filmpolitik: Man lässt einen politischen Kindskopf wie den verwirrten Pazifisten Staudte einen scheinbar unpolitischen Film drehen, der aber geeignet ist, in der westlichen Welt Stimmung gegen Deutschland und damit gegen die Aufrüstung der Bundesrepublik zu machen. Der Film lässt vollständig außer Acht, dass es in der ganzen preußischen Geschichte keinen Untertan gegeben hat, der so unfrei wäre wie die volkseigenen Menschen unter Stalins Gesinnungspolizei es samt und sonders sind."*[51]

50 ebd.
51 ebd.

Der Film wurde 1951 nach „Interventionen aus der Politik" bei den Heidelberger Filmkunsttagen nicht zum Festivalsieger gekürt.[52]

Nun scheint sich Ende **2001 eine Renaissance bei der Rezeption der Werke der Gebrüder Mann** anzubahnen. Der renommierte Dokumentarspielfilmer Heinrich Breloer nahm sich der berühmten Familie Mann an und drehte für das Fernsehen in je zweimal drei Folgen zwei Filme mit den Titeln *Die Manns* bzw. *Unterwegs zur Familie Mann. Die Manns* wurde im Dezember 2001 von **Arte und ARD** gesendet, *Unterwegs zur Familie Mann* etwas später.

Film *Die Manns*, Dezember 2001

In Vorbereitung dieses Ereignisses wurden in vielen Buchhandlungen die Werke der Manns mit besonderem Aufwand präsentiert. Werden sich nun in diesen medienverwöhnten Zeiten auch wieder mehr Leser für den Roman *Der Untertan* finden?

52 ebd.

5. Materialien

Zur Biografie Heinrich Manns:
In *Meine ungeschriebenen Memoiren* berichtete **Kati Mann über das Verhältnis der Brüder zueinander**, „das sich zwischen Anziehung und Abstoßung bewegte."[53] Für Kati Mann, der Frau des Dichters Thomas Mann, war Heinrich „der merkwürdigste Mensch, den man sich denken konnte. Er war sehr formell – eine Mischung von äußerster Zurückhaltung und dabei doch auch wieder Zügellosigkeit."[54] Etwas später stellte sie dann fest, dass die Brüder mit der Zeit auch politisch auseinander wuchsen, „denn Heinrich war ganz französisch-lateinisch orientiert, wohingegen mein Mann seinen kulturellen Wurzeln nach deutsch war, absolut deutsch."[55] Sie sprach in den Memoiren auch den schmerzlichen Bruch zwischen den Brüdern an, der durch Heinrich Manns *Zola-Essay* endgültig vollzogen wurde:

„Mit Heinrichs Zola-Essay kam es dann zum Bruch, und zwar zu einem Bruch, unter dem beide sehr gelitten haben. ... Die Brüder hatten schon wiederholt miteinander disputiert, weil Heinrich eben ganz westlich orientiert war und mein Mann, wenn auch bis zum Ausbruch des Krieges absolut nicht nationalistisch, so doch durch den Krieg seine derzeitige Stellung geändert hatte und eine Zeitlang die Legenden von der Missgunst der anderen Staaten von der Einkreisung Deutschlands, seinem Nieder- und Untergang glaubte."[56]

---

53 Kati Mann: *Meine ungeschriebenen Memoiren*. In: Familie Mann. Ein Lesebuch. Hamburg: Rowohlt Taschenbuch Verlag GmbH., S. 118.

54 ebd.

55 ebd., S. 119.

56 ebd., S. 119 f.

Zur Entstehungsgeschichte des Romans:

Stefan Ringel berichtet in seiner Heinrich-Mann-Biografie von einer Lohengrin-Aufführung, die Heinrich Mann besucht hat und die ihm als Vorlage für die Lohengrin-Episode im Roman diente:

„In Augsburg verfolgte Heinrich Mann eine Lohengrin-Aufführung, um Wagners Wirkung auf deutsche Gemüter studieren zu können. Vergnügt schrieb er an Mimi Kanova: ‚Der Lohengrin in Augsburg war trist u. komisch, was für mich aber nicht weniger am Stück als an der Aufführung liegt. Ich habe Beobachtungen im Sinne Diederichs und Guste gemacht, habe alles notiert, mache vielleicht einige hübsche Seiten daraus. Wie viel Dummheit in so einem Wagner-Helden, in dem Chor, in allem!'"[57]

Zu den Reden des Kaisers als Vorlage für Diederich Heßlings Reden:

Ernst Johann nimmt in seinen Band zu *Reden des Kaisers*[58] auch eine Rede auf, die Wilhelm II. am 14. Mai 1889 vor einer Abordnung streikender Bergleute gehalten hat. Diese Rede diente Heinrich Mann als Vorlage für die Rede, die Diederich Heßling vor den Arbeitern seiner Fabrik hielt.

„Was die Forderungen selbst betrifft, so werde Ich diese durch Meine Regierung genau prüfen und euch das Ergebnis der Untersuchung durch die dazu bestimmten Behörden zugehen lassen. Sollten aber Ausschreitungen gegen die öffentliche Ordnung und Ruhe vorkommen, sollte sich der Zusammenhang der Bewegung

57 Ringel, Stefan: *Ein Leben wird besichtigt*. S. 164.
58 *Reden des Kaisers*. Hg. von Ernst Johann. München: Deutscher Taschenbuch Verlag, 1966.

mit sozialdemokratischen Kreisen herausstellen, so würde Ich nicht imstande sein, eure Wünsche mit Meinem königlichen Wohlwollen zu erwägen. ***Denn für Mich ist jeder Sozialdemokrat gleichbedeutend mit Reichs- und Vaterlandsfeind.*** *Merke ich daher, dass sich sozialdemokratische Tendenzen in die Bewegung mischen und zu ungesetzlichem Widerstande anreizen, so würde Ich mit unnachsichtlicher Strenge einschreiten und die volle Gewalt, die Mir zusteht – und die ist eine große – zur Anwendung bringen."*[59]
[die Großschreibung der Personalpronomen: Ich, Meine, Mir sowie die Kleinschreibung: euch, eure in der Rede ist beabsichtigt]

Zur Wirkungsgeschichte des Romans:

Wenn es um die Wirkungsgeschichte des Romans geht, wird oft Kurt Tucholsky zitiert.
In der *Weltbühne* schrieb der Dichter schon 1919 Folgendes zu Heinrich Manns Roman:

„Dieses Buch Heinrich Manns, heute, Gott sei Dank, in aller Hände, ist das Herbarium [lat. Sammlung getrockneter Pflanzen] des deutschen Mannes. Hier ist er ganz: in seiner Sucht, zu befehlen und zu gehorchen, in seiner Rohheit und in seiner Religiosität, in seiner Erfolgsanbeterei und in seiner namenlosen Zivilfeigheit. Leider: Es ist der deutsche Mann schlechthin gewesen; wer anders war, hatte nichts zu sagen, hieß Vaterlandsverräter. ..."[60]

Der Roman ist für Kurt Tucholsky ein Spiegelbild der damaligen Gesellschaft:

---

59 Ebd., S. 44 f.
60 Tucholsky, Kurt: *...Ganz anders*. Berlin: Verlag Volk und Welt, 1958, S. 149.

„Die alte Ordnung, die heute noch genau so besteht wie damals, nahm und gab dem Deutschen: Sie nahm ihm die persönliche Freiheit und sie gab ihm die Gewalt über andre. Und sie ließen sich alle so willig beherrschen, wenn sie nur herrschen durften. Der Schutzmann über den Passanten, der Unteroffizier über den Rekruten, der Landrat über den Dörfler, der Gutsverwalter über den Bauern, der Beamte über Leute, die sachlich mit ihm zu tun hatten. Und jeder strebte nur immer danach, so ein Amt, so eine Stellung zu bekommen – hatte er die, ergab sich das Übrige von selbst. Das Übrige war: sich ducken und regieren und herrschen und befehlen.“[61]

Es soll nicht verschwiegen werden, dass es auch zum *Untertan* kritische Stimmen gibt. Der bekannte Literaturkritiker Marcel Reich-Ranicki, der sich auch ausführlich mit der Familie Mann befasst hat, äußerte sich durchaus auch kritisch zu diesem Roman:

„An keinem seiner Romane hat Heinrich Mann so lange und so gründlich gearbeitet wie am ‚Untertan'. ... Aber im Grunde haben wir es, ungeachtet aller französischen Einflüsse, mit einem typischen deutschen Bildungsroman zu tun. ... Die vielen Episoden und Genreszenen dienen als Hintergrund für die Lebensgeschichte jenes Diederich Heßling, der beides zugleich und auf einmal ist – ein sich feige duckender Untertan und ein sadistischer Tyrann, so borniert wie großsprecherisch. ... – all das füllt die ersten Kapitel, und es ist glanzvoll sichtbar gemacht, mit wahrhaft imponierender Angriffslust und kaum verhehlter Schadenfreude. Doch nach etwa einem Drittel des Romans lässt das Interesse merklich nach und man fragt sich insgeheim und mit schlechtem Gewissen ..., ob es denn wirklich nötig sei, die Lektüre fortzusetzen.“[62]

---

61 ebd., S. 152.

62 Reich-Ranicki, Marcel: *Thomas Mann und die Seinen*, S. 128.

Literatur

Die Literatur zu Leben und Werk von Heinrich Mann ist außerordentlich umfangreich. Eine repräsentative Auswahl findet man in der Regel in aktuellen Biografien, so in der zitierten Heinrich-Mann-Biografie von Stefan Ringel.
Die hochgestellte Ziffer bei dem Erscheinungsjahr verweist auf die Auflage, die verwendet wurde.

1. Textausgaben und Dokumente

Mann, Heinrich: *Der Untertan*. Roman. Leipzig/München: Kurt Wolff Verlag, 1918.

Mann, Heinrich: *Der Untertan*. München: Deutscher Taschenbuch Verlag GmbH, 1964.

Mann, Heinrich: *Der Untertan*. Frankfurt am Main: Fischer Taschenbuch Verlag GmbH, ^{10}2001.
(Nach dieser Ausgabe wird zitiert.)

Mann, Heinrich: *Ein Zeitalter wird besichtigt*. Berlin: Aufbau-Verlag, 1947.

Deutsche Akademie der Künste zu Berlin (Hg.): *Heinrich Mann 1871–1950. Werk und Leben in Dokumenten und Bildern.* Mit unveröffentlichten Manuskripten und Briefen aus dem Nachlass. Verantwortlich für die Zusammenstellung: Sigrid Anger. Berlin und Weimar: Aufbau-Verlag, ^{2}1977.

Schröter, Klaus: *Heinrich Mann mit Selbstzeugnissen und Bilddokumenten*. Reinbek bei Hamburg: Rowohlt Taschenbuch Verlag, ^{18}1998.

2. Lernhilfen und Kommentare für Schüler

Hofmeister, Barbara: *Familie Mann.* Ein Lesebuch. Reinbek bei Hamburg: Rowohlt Taschenbuch Verlag, 1999.
(Authentische Texte von 12 Mitgliedern der Familie Mann, dieser repräsentativen deutschen Schriftstellerfamilie des 20. Jahrhunderts, zu Leben und Werk von Thomas und Heinrich Mann, ihren Eltern, Ehefrauen, Kindern und Enkeln. Der Stammbaum auf den letzten Seiten des Lesebuches erleichtert u. a. das Verständnis des Fernsehfilms „Die Manns".)
Hummel-Wittke, Monika: *Heinrich Mann. ‚Der Untertan'.* Interpretation. München: R. Oldenbourg Verlag, 1998[3].
(Auf Grund ihres Umfangs vermag diese Publikation eine fachwissenschaftlich fundierte Interpretation des Romans zu geben. Das Buch wird besonders interessierten Schülern viele weiterführende Impulse zur Erschließung von „Der Untertan" geben.)
Ringel, Stefan: *Ein Leben wird besichtigt.* Darmstadt: Primus Verlag, bei Wissenschaftlicher Buchgesellschaft, 2000.
(In dem Buch wird das Leben Heinrich Manns im Zusammenhang mit dem Zeitgeschehen und kulturgeschichtlichen Aspekten kommentiert. Außerdem werden die wichtigsten Romane, Novellen und Essays interpretiert.)

3. Sekundärliteratur

Brüning, Jens: *Wir erinnern. Manuskript Deutschlandfunk.* Hintergrund Kultur. Vor 50 Jahren: Uraufführung des DEFA-Films „Der Untertan". Sendung am 31. 08. 2001.
Bütow, Wilfried (Hg.): *Literatur im Überblick von den Anfängen bis zur Gegenwart.* Ein Lehrbuch für Schüler der Klassen 7 bis 10. Berlin: Volk und Wissen, 1990.

Ebersbach, Volker: *Heinrich Mann. Leben – Werk – Wirken.* Leipzig: Verlag Philipp Reclam jun., 1982.

Emmerich, Wolfgang: *Heinrich Mann: ‚Der Untertan'.* München: Wilhelm Fink Verlag, 1980.

Gerth, Klaus: *Satire.* In: Praxis Deutsch 22, 1977, S. 6–11.

Hocke, Brigitte: *Heinrich Mann.* Leipzig: Bibliographisches Institut, 1983.

Henze, Hanne: *Die Entlarvung des wilhelminischen Komödianten.* Heinrich Mann: ‚Der Untertan'. In: Praxis Deutsch 22, 1977, S. 55–59.

Johann, Ernst (Hg.): *Reden des Kaisers. Ansprachen, Predigten und Trinksprüche Wilhelm II.* München: Deutscher Taschenbuch Verlag, 1966.

Kaufmann, Hans: *Geschichte der deutschen Literatur.* Vom Ausgang des 19. Jahrhunderts bis 1917. Bd. 9. Berlin: Volk und Wissen, 1974.

Kobsarewa, Lydia: *Satire und Karikatur im Roman ‚Der Untertan' von Heinrich Mann.* In: Deutschunterricht H. 2/3, 1979, S. 139–144.

Müller-Michaels, Harro: *Deutschkurse.* Modell und Erprobung angewandter Germanistik in der gymnasialen Oberstufe. Weinheim: Beltz Athenäum Verlag, ^{2}1994.

Nägele, Rainer: *Theater und kein gutes. Rollenpsychologie und Theatersymbolik in Heinrich Manns Roman ‚Der Untertan'.* In: Colloquia Germanica 7, H. 1, 1973, S. 28–49.

Paintner, Peter: *Erläuterungen zu Heinrich Mann. Der Untertan.* Königs Erläuterungen und Materialien, Bd. 348. Hollfeld: C. Bange Verlag, ^{7}1998.

Reich-Ranicki, Marcel: *Thomas Mann und die Seinen.* Frankfurt am Main: Fischer Taschenbuch Verlag, ^{10}2001.

Schröter, Klaus: *Untertan – Zeitalter – Wirkung.* Drei Aufsätze. Stuttgart: Texte Metzler, Bd. 10, 1971.

Tucholsky, Kurt: *Der Untertan.* In: ...Ganz anders. Berlin: Verlag Volk und Welt, 1958, S. 149–156.
Unterrichtshilfen Deutsche Sprache und Literatur: Literatur, Klasse 10. Berlin: Volk und Wissen, ²1988.
Weisstein, Ulrich: *Heinrich Mann. Eine historisch-kritische Einführung in sein dichterisches Werk.* Tübingen: Max Niemeyer Verlag, 1962.
Werner, Renate (Hg.): *Heinrich Mann. Texte zu seiner Wirkungsgeschichte in Deutschland.* München: Deutscher Taschenbuch Verlag; Tübingen: Niemeyer, 1977.

4. Materialien aus dem Internet

1. http://www.dhm.de/lemo/html/biografien/MannHeinrich/
(4 Seiten Biografie mit 3 Bildern)

2. http://www.dhm.de/lemo/html/kaiserreich/kunst/untertan
(4 Seiten zu „Der Untertan")

3. http://www2.vol.at/borgschoren/lh/lh3a.htm
(Die Brüder Mann – eine Gegenüberstellung; Fragestellungen für die Gruppenarbeit zum Roman „Der Untertan"; Themen des Romans; Aufbau, Inhalt und Rezeption des Romans; Lohengrin im Roman; Zusammenfassung – insgesamt 7 Seiten)

Bitte melden Sie dem Verlag „tote" Links!

Verfilmung:

Der Untertan. DDR 1951.
Regie: Wolfgang Staudte.
Drehbuch: Wolfgang und Fritz Staudte.